MW01240584

Mi Vieja Mecedora

Jonathan D. Vargas Sánchez

Copyright © 2017 Jonathan D. Vargas Sánchez

Todos los derechos reservados.

ISBN-13:978-1974621057

ISBN-10:1974621057

DEDICATORIA

Humildemente para mi Puerto Rico amado, mi bella Isla del Encanto, mi querida Borikén, mi terruño del alma. A todos aquellos que luchan a diario por echar a nuestro país hacia delante, a mis hermanos puertorriqueños obligados a explorar nuevas oportunidades en la diáspora. Para todos los que disfrutan recordar el batey donde nacieron y se criaron, a mis compañeros de estudio, a mis hermanos en la iglesia y a todo el pueblo hispano. ¡Les dedico humildemente esta hermosa novela para su deleite!

Especialmente la dedico con un beso estratosférico al amor de mi juventud, mi esposa Letty. Con especial abrazote a mi hija Valeria, quien a su corta edad se ha convertido en devota lectora, mucho más de lo que pude lograr cuando tenía mis doce. Con eterno amor a mi retoño Adrean, segundo regalo de vida que Dios nos concedió, niño de mil virtudes y eterna sonrisa. Gracias por la paciencia y colaboración incondicional que hicieron posible este proyecto.

¡Disfrútenla, es suya para siempre, se las dedico con todo el amor del mundo!

RECONOCIMIENTOS

Mi profundo agradecimiento, primeramente a Dios por su misericordia y el privilegio de escribir Mi Vieja Mecedora. De igual manera agradezco a todos aquellos maestros y profesores que marcaron mi vida con loable paciencia, pasando el batón de la experiencia y el conocimiento, lo cual ha hecho posible la construcción de esta maravillosa obra literaria.

Gracias a mi hermano Rafael por la lectura de la muestra del primer boceto, por sus ideas, corrección, edición y motivación para seguir adelante con el proyecto. Un abrazo profundo a mi amigo Marcos, por sus sinceras y motivantes opiniones de los manuscritos. Gracias a nuestra amiga Abigail, por sus consejos en literatura. A mi sobrino Mathew Morales, gracias por donar de su tiempo y preparar tan hermosa portada.

Un enorme abrazo de agradecimiento a nuestro amigo agrónomo, escritor e ícono boricua, Douglas Candelario, por sacar de su preciado tiempo para evaluar y colaborar con esta empresa.

De igual manera, faltan las palabras para agradecer a nuestro hermano pastor, conferenciante y escritor de varios libros, Luis H. Alberty, por sus opiniones y reseña para darle toque final al esfuerzo empeñado en esta obra.

¡A todos nuestros colaboradores, mencionados y anónimos, mil gracias por hacer posible esta humilde obra! ¡Sus opiniones e ideas fueron el motor para seguir adelante!

¡Dios les bendiga abundantemente siempre!

Notas del autor

Somos lo que pensamos, pero el mundo nos recuerda por lo que hacemos. La historia no se escribe con palabras, sino que se escribe con hechos. Esas palabras que eternizan los hechos, de alguna manera tienen que ser perpetuadas. Nada labra mejor las palabras que una simple pluma. Ella no centra su valor en las barbas que la decoran o en la punta que traza la tinta. Tampoco el pincel es valorado por las hebras que abrazan la pintura. Ambos son eternizados por la mano del escritor o artista que los utiliza. Una simple pluma escribió una de las mejores obras literarias de todos los tiempos. Obra que ha trascendido el tiempo, el espacio, las culturas, los géneros, los idiomas y las tradiciones. Una pluma estuvo en la mano del inmortalizado escritor, Miguel de Cervantes Saavedra. Esa pluma ya no existe, nadie le dio importancia, posiblemente tampoco la mano que la utilizaba. Sin embargo, fue ella el instrumento determinante en las manos del gran escritor de la obra maestra, *Don Quijote de La Mancha*. De igual manera un insignificante pincel fue el instrumento en las manos de Leonardo Da Vinci, que al sol de hoy provoca miles de visitas al prestigioso Museo de Louvre en Francia, habiendo creado una de las obras de arte más prestigiosa de todos los tiempos, *La Mona Lisa.*

De manera tal que no es la pluma, tampoco el pincel. No son los medios, los tiempos, el reconocimiento o las motivaciones las que crean historia, se reduce simplemente a hechos. Al fin y al cabo, un hecho habla más que mil palabras. Indubitablemente, no los podemos aislar uno del otro. Un hecho sin palabras que lo pregone, es nulo, huérfano, silente, pasa inadvertido en la historia de la humanidad. Unas palabras sin hechos son vanas, superfluas, destinadas a ser llevadas al abandono por cualquier brisa hacia el olvido. De modo tal que las palabras son las que inmortalizan los hechos y los hechos son los que le dan razón de ser a las palabras.

La palabra es la virtud manifestada del pensamiento, un cúmulo de riquezas que nos permite expresar lo que pensamos, sentimos, anhelamos o experimentamos en nuestras vidas. Son el vehículo de nuestro legado, la perpetuidad de nuestras acciones. Sin ellas no hubiera historia ni cultura en los pueblos. Con estas palabras, he construido esta hermosa obra literaria. Edificando con palabras hechos inolvidables, ficticios o reales, dejando correr nuestra creatividad para establecer un nuevo legado.

Mi Vieja Mecedora nace disfrutando de la imaginación, deleitándome en darle vida a un personaje desde su interior, desde su propia perspectiva. Un gran reto intentar ver la vida desde el crisol de otro género u otras realidades, haciendo uso de la sabiduría popular y jerga de nuestro pueblo puertorriqueño.

Dios le permita disfrutar esta obra tanto como la he disfrutado en su construcción, esperando que su satisfacción sea el legado más preciado que me lleve muy adentro. Que las palabras que la componen se conviertan en vehículo de agrado, que evoquen recuerdos dignos de ser revividos, que las experiencias de los personajes le sean de deleite y que la luz del faro divino le dirija a puerto seguro en medio de este mar tempestuoso al que llamamos vida.

Jonathan D. Vargas Sánchez
Autor

Mi Vieja Mecedora

Jonathan D. Vargas Sánchez

Primer Capítulo

"La única fuente de conocimiento es la experiencia"
Albert Einstein

P uje Sica, puje fuerte, vamos nena que usted puede, es ahora o nunca.- dice Doña Rafaela.

1

Doña Rafaela es una mujer de campo, robusta, sobria, seria, llena de años y experiencia. Y como dicen por allí; más sabe el diablo por viejo, que por diablo. Ella es la notoria partera o comadrona que ha ayudado a nacer a casi todos los niños de esta zona. Casualmente nací en sus manos de igual manera. Sus canas son símbolo de sabiduría y conocimiento. Ellas atestiguan largos años de experiencia y sufrimientos. Todos dicen que sabe mucho, que es muy inteligente, sus arrugas son el mejor testigo. Ella dice que la fuente de su conocimiento han sido los miles de problemas que ha tenido que resolver en su larga vida.

-Nena, una aprende a limpiarse cuando se embarra las manos.- decía.

Cuantas arrugas, surcos y cicatrices causados por las preocupaciones, desvelos y angustias. Innumerables manchas en la piel envejecida, abatida por el sol inmisericorde de estos montes, párpados caídos y ojos lagrimosos, voz tosca que comanda autoridad cuando la utiliza. Manos temblorosas, ásperas y gruesas. Nudillos deformes por la artritis que le ha hecho la guerra por tantos años, rasgos que evidencian lo dura que es la vida en el campo. Esta vida que es como montaña rusa de emociones y sentimientos, crestas de alegría y profundos pozos de dolor y amargura que padecemos muy a menudo para nuestro gusto. Es como tener un pie en el cielo y otro en el infierno. Como estar en el fuego y en el frío simultáneamente. Asunto de tener cuidado, porque café caliente aquí o frío allá puede bajarse, pero tibio no hay quien lo pase.

-Ok Sica, respire *jondo*. Cuando venga la contracción, entonces puje fuerte, ¿ok? ¡Respire *jondo* mi reina, respire, ya mismo salimos *de'sto*!- dice Doña Rafaela.

Sica es mi primera experiencia de parto como asistente de comadrona de Doña Rafaela. Ella me había encomendado ayudarle en este parto para que comience a aprender el oficio. Me hubiera gustado aprender un poco de los libros o en la escuela, pero esto no se enseña en los salones de clase. Hay que aprender a hacer la harina moliendo en la piedra. Cuando Doña Rafaela me dijo que me quería enseñar, me llenó de alegría el espíritu y aquí estoy diciendo presente, aunque me estoy arrepintiendo de haber consentido.

-Lina, séqueme la frente de nuevo por favor y deme un

toquecito de agua mi reina.- dice Doña Rafaela.

Doña Rafaela tiene sus dos manos en la cabecita de una hermosa criatura. No alcanzo a ver el rostro porque está volteado hacia abajo. Tiene hermoso cabello negro cubierto de alguna sustancia que parece cera, supongo que para que resbale y pueda salir. Las manos de Doña Rafaela levantan gentilmente la cabecita del bebé, despegándola de las sábanas para que pueda respirar. ¡Cuán hermosa creó Dios la naturaleza, aunque estos momentos sean tensos sobremanera! Pobre Sica, totalmente encharcada en sudor con sus dolores de parto. Totalmente agotada por tantos pujos, se deja caer sobre su espalda en este viejo colchón, sabrá Dios con cuantos chinches metidos entre sus fibras. ¡No debe ser fácil lo que esta mujer está pasando, a pesar de lo hermoso del proceso!

-Lina, séqueme el sudor una vez más, por favor. Va a tener que ayudarme, no me estoy sintiendo bien. Ponga sus manitas aquí a cada lado de la cabecita. Tómela, agárrela sin *mie'o* y despégala de las sábanas para que pueda respirar fácilmente.

-Sica, escuche mi reina. Cuando venga la contracción,

quiero que tome un buen respiro y deme un pujo largo, que vamos a terminar con esto ya.- añade Doña Rafaela mientras se sienta a medio cuerpo en la silla de metal que está recostada en la esquina de la cama de pilares.

-¡Ay Dios mío Doña Rafaela, me tiemblan las manos, los pies y hasta la boca, no estoy lista para hacer esto! Me están dando ganas de vomitar, estoy que me hago encima.- le digo toda hecha un *guiñapo* de nervios.

-Haga lo que le corresponde hacer Lina, no hay tiempo para tonterías, que usted a lo que vino fue a meter mano y a aprender.- me dice tomando breves sorbos de aire y jadeando pesadamente.

-¿Qué le pasa Doña Rafaela? ¿Qué tiene?- pregunta Sica preocupadamente.

-Tranquila Sica, solo estoy un poco *mareaíta*. Es que por el apuro no pude comer *ná* de camino y me bajó el azúcar un *chín chín*. Voy a comerme este *mangoíto* y ya verá lo rapidito que se me pasa esta *bobería*. Ocúpese en lo que le corresponde mamita.- dice Doña Rafaela vagamente.

Sica extiende sus manos y acaricia la cabecita de su hermoso bebé. En su alegría le susurra las más hermosas frases que he escuchado en mi corta vida. Su rostro muestra indescriptibles emociones: alegría por tocar la cabecita de su esperado bebé, temor por mi inexperiencia, preocupación por Doña Rafaela, curiosidad por el sexo de la criaturita y quién sabe qué cosas más.

-Fu, fu, fu...grrrr.....ahhh- grita Sica concentrada mirando algún punto en específico de la madrina del techo del cuarto.

-¡Vamos Sica, vamos! Ahí va, ahí va, tiene que pujar chica. ¡Vamos, puje Sica! Puje, puje, puje, puje *mi'ja*.- insiste Doña Rafaela mientras marca cada sílaba con una palmada para acelerar la respuesta de Sica.

-Ayúdela Lina, hale suavecito. Gírelo un poquito, que mire hacia el lado, para que salgan los hombritos, que casi está fuera. Meta sus dedos por el ladito y abra un poco la *pájara* para acomodar un hombrito, que ya va a salir. No llore linda, está haciéndolo muy bien. Tranquila que la que está de parto y tiene dolor es Sica, no es usted.- dice tirada hacia atrás en su silla.

6

Sus gritos me disparan los nervios a niveles nunca conocidos. Siento deseos de salir corriendo, aumenta mi ritmo cardíaco, se me seca la boca, casi no puedo respirar, siento urgencia por visitar la letrina. Las manos calientes y esta cosa babosa que cubre al bebé me hacen sentir sensaciones nunca experimentadas. Se me retuercen las entrañas, quiero gritar también con Sica, no soporto los retorcijones y de segurito que *des'ta* me muero aquí. ¡Oh Dios mío, no sé qué hacer! Estoy amarilla, pálida y con esta pila de nervios que me está matando.

-¡Puje Sica, puje, vamos hágame caso *mi'ja*!- insiste Doña Rafaela mientras observa desde la silla.

-Ahora si Lina, *pa'fuera* es que viene. ¡Alístese *mi'ja*, que va a salir como torpedo *embalao*!

De repente, la resistencia que sentía en mis manos desaparece y sale expulsado como bólido, un hermoso bebé. La tripa del cordón pasa sobre su hombro hacia la espaldita, saliendo más agua y sangre después de él.

-¡*D'esta* echo pelo yo!- exclamando hecha una pila de nervios.

7

-Libere el cordón umbilical, sáquelo del área del cuellito. Gire al mocoso para que terminen de salir sus piernitas. ¡Vamos, rapidito mi amor, rapidito, sin miedo, que *pa'luego* es tarde!- señala Doña Rafaela.

-¡Ya parió Sica, allí está su hermoso retoño!- exclama Rafaela con vasta sonrisa en su rostro, mientras le comparte una *guiñá* que me parece un tanto extraña por demás.

-Lina, pásele la toallita por la carita y la cabecita al mocoso, sáquele un poco el cebo y déselo a su mamá lo antes posible, por favor.- instruye Doña Rafaela.

-¡Hay Dios mío, Dios mío, pero mire esta tripa Doña Rafaela!- exclamo con grande fastidio- Yo que no hago morcillas por no tocar una tripa y mire *pa'llá.*

Sica llora de alegría y sin poder evitarlo le acompaño los sentimientos. Mientras salen las lágrimas, se va reduciendo la terrible tensión que por poco me mata, comienza a estabilizarse mi pulso y me siento un poco más calmada. ¡A la verdad que no me desmayé de *puritito* milagro de Dios!

-¡Qué lindo el bebé Sica, que lindo, bello varoncito que Dios le ha *regalao*!- exclamo mientras lo pongo en su pecho.

Al pasarlo a su pecho, se nos une a llorar. Ahora somos tres llorando, pero este sí que tiene buenos pulmones y se queda con el canto. ¡Qué linda se ve Sica arrullándolo, lo mima tan gentilmente y con tanto amor, como solo una madre sabe hacerlo! Le cuenta sus deditos, le toca las orejitas, lo huele profundamente como a flor del campo.

-Aproveche y límpielo mi niña. Limpie su espaldita con la toallita, frótelo y sáquele todo ese cebo. Limpie sus bracitos y piernitas mientras mamá lo abraza y lo calienta. ¡No se preocupe porque está llorando, eso es bueno, así aprende a respirar! Cuando no lo vea llorando es que debe preocuparse. Use el succionador azul que está allí al lado y límpiele bien la boquita y la nariz. Sáquele los restos del líquido amniótico. Vamos nena, no se intimide, naciste para esto mi reina. Hasta la gargantita *mi'ja*, vamos, sin miedo.

¡Oh, Dios mío, me va a dar un infarto de verdad! Estoy bien *pompeá*. Me gusta esto, pero tengo un miedo terrible de hacerle daño a esta indefensa criaturita.

-Succiónelo bien Lina, sin miedo, vamos. Los oídos también. Límpielo bien. Cambie la toalla, linda, aproveche que está *pegao* a la teta, allí es que aprovechamos a limpiarlo, lo cogemos mansito.

Mientras lo limpio, se descubre una hermosa piel rojiza y tocarla me hace enamorarme de este maravilloso oficio. ¡Jamás imaginaría experimentar ésta sensación tan hermosa al ayudar a traer un hermoso y tierno bebé al mundo!

Sica queda en las nubes con su bebé en su pecho. Suspira con su pecho hinchado de amor. Me mira sonriente, no quiere ni hablar. Instantáneamente olvidó el dolor por el cual estaba atravesando. Aprovecho a buscar toallas limpias y cuando regreso, Sica y Doña Rafaela están *mondás* de la risa. La linda está como si nada le hubiese *pasao*. Cuando me ven entrar de regreso a la habitación, es cuando más se pelan las lindas. No me toma mucho darme cuenta que me la habían *montao* y ni cuenta que me había *dao*.

10

-¡Qué lindo les quedó, ah! ¡Qué le bajó el azúcar ni que ocho cuartos! Casi me mata de los nervios y no tenía *ná*, *¿ah caramba?*

Más risa le produjo mi cara de enojo, que la risa que estaban teniendo. Las carcajadas me enojan súbitamente, pero caigo en ellas por puro contagio. No hay de otra, se me pega la risa y no puedo mantenerme enojada. ¡Después de todo, es mejor reír que llorar! Además, es más fácil remar a favor de la corriente que en contra de ella. Ya sabes, si no puedes con tu enemigo, únetele.

-Tranquila niña, así es que se hace esto. Si no la pongo a trabajar desde la primera, entonces sí que se recuesta de mí y se pone ñoña. Y aquí no hay tiempo para ñoñerías, ni *pa'ná* de esas cosas *mi'jita*. A lo menos demostró que puede con la presión. Y esto no ha terminado aún, *cariñito*. Falta que salga la placenta y que le corte el cordón umbilical. Venga que voy a enseñarle. Hay que sobar el vientre así, estimular el útero con ambas manos desde aquí arriba hacia abajo.

-Sica, cuando sienta un poquito de contracción, va a pujar para que salga la placenta, ¿ok?- añade.

11

-Lina, ponga una mano aquí en el cordón para halar poco a poco y la otra aquí arriba para estimular el útero, ¿ok?- continúa diciendo.

-Ok. ¡Está latiendo la tripa!- respondo pálidamente, aunque menos nerviosa que antes.

-¡Sí, es normal, ya mismo lo cortamos! Es más Lina, va a hacerlo usted *pa'que* aprenda. Ya estoy vieja para estas cosas y es tiempo de pasar el batón. ¡Después de un Moisés tiene que venir un Josué! Venga, que yo le asisto, no se asuste, que lo más difícil pasó. ¡Gracias a Dios que ha sido un parto fácil, *mi'ja*! No tiene que apurarse mucho en este paso, no es necesario cortar el cordón de la placenta de inmediato, porque el bebé sigue absorbiendo nutrientes. Tampoco debemos dejarlo mucho tiempo que digamos, para que el nene no vaya a ponerse amarillo por exceso de glóbulos rojos, eso se llama ictericia. Después le enseño más sobre eso y otras cositas más. Sienta el cordón, todo está fluyendo por aquí. Venga, su mano derecha en el vientre, sienta el útero, todavía se mueve como buscando al bebé. Va a sentir las contracciones. ¿Ve que se ateza el vientre? Esa es otra contracción. Sienta adentro, ¿siente como se mueve?

-¡Oh, sí y gracias a Dios que ha sido un parto fácil! ¡No quiero imaginarme cuando no lo sea!

-Lina, en los partos va a ver muchas cosas. Le va a tomar mucha práctica, es por eso que va a estar conmigo en todos los partos que pueda, preparándose para cuando yo no esté. Nunca va a dejar de aprender, todavía es la hora que aprendo algo nuevo todos los días. Es más, el día que deje de aprender es mejor que me muera. Recuerde que en la montaña casi no tenemos doctores y para cuando llegan puede ser muy tarde. ¡Para cuando llega un catarro al pueblo, nosotros nos estamos muriendo de pulmonía! En lo que respecta a lo que estamos haciendo, gracias a Dios que no fue necesaria ni siquiera una episiotomía.

-¿Una *episiti* qué, dijo?

-Bueno *mi'ja*, vio que la cabecita del bebé salió bastante rápido, pues no siempre tenemos esa dicha. A veces se ve la cabecita, pero el hueco no es suficientemente amplio para que salga cuando tiene que salir. En algunos casos hay que cortar desde aquí donde termina la palangana, hasta acá. Luego tenemos que coser. Es mejor hacerlo antes de que se raje toda esta área por no hacerlo. Por lo general llega el doctor a coser si lo llamamos a tiempo. Si no, lo hacemos nosotras mismas, ya aprenderá.

-¡Ahora sí que me está asustando de verdad, Doña Rafaela! Primero partera y ahora costurera también.

-Tranquila niña, va a aprender a dar mejores *puntás* que un sastre y no va a tener que usar dedal, *mi'ja*. ¡No se apure, nadie nace *enseñao*! Después de *tó*, la experiencia hace al maestro. ¡Mejor que use la experiencia ajena, porque la propia siempre llega tarde, si es que llega!

-¡Bien que sí, Doña Rafaela, bien que sí! Como usted diga, que usted es la que sabe.

-Bueno *mi'ja*, otras veces tenemos problemas con el cordón umbilical *enredao* en el cuello del bebé, cordón muy largo, cordón muy corto, parto prematuro, gemelos, bebés enfermos o sin vida, complicaciones con las mujeres y hasta accidentes que puedan pasar en el proceso.

-Hay Dios mío Doña Rafaela, ¿cree usted que yo pueda con esto?- añado con genuina preocupación.

14

-Sin duda alguna que sí, mi querida niña. Cuando empecé era más tímida que usted. No tenía más que séptimo grado y si no asistía en los partos que pudiera, se nos podían morir los bebés. ¡Tuve que aprender a martillar, machacándome los dedos! Mucho de lo que he *aprendío*, lo aprendí después de necesitarlo por primera vez. Para usted va a ser más fácil, lo aprenderá antes de necesitarlo o haciéndolo, lo aprenderá por cabezazo ajeno. Aprenderá sobre preclamsia en las madres y sobre los bebés cianóticos. Pero tranquila, esto es todo un mundo. Y no hay de otra, hay que aprender, porque nosotros no tenemos médicos obstetras como los que hay en los hospitales. Pero por ahora, aprendamos como bregar con la placenta, concéntrese en que salga *toíta*. ¡Vamos Sica, un *pujito* más por favor!- comanda mi altruista maestra.

-Mantenga un poquito de tensión en el cordón Lina, ¡pero no lo hale fuerte ni *pal'diantre*! El sale solito, no se apure mucho. Dios creó la naturaleza perfecta, ya verá *mi'ja*.

-¡Vamos Sica, no suelte el *pujito* hasta que salga, vamos, un poquito más *mi'ja*! ¡Allí está! ¿Vio que fácil se le hizo?- exclama Doña Rafaela con alegría que le sale hasta por los poros.

15

-Esa bolsa es la placenta, de allí se alimentó el bebé durante todo el embarazo. Mire bien, vea que el saquito esté completo y no haya desgarres de ninguna clase.- dice Doña Rafaela mientras me enseña las diferentes áreas de la placenta.

-¡Ay Dios mío, ahora soy yo a la que le bajó el azúcar, estoy *mareá*!- exclamo apenas conteniendo el deseo de vomitar. ¡Vengo ahora Doña Rafaela, vengo rapidito!

Salgo corriendo al patio, apretando mis manos a la boca para no vomitarme encima. Apenas llego al balcón y no puedo resistir el buche que viene de camino. Boté hasta la bilis justo frente a la casa. ¡Qué vergüenza, pero que alivio! Tendré que acostumbrarme a estos olores y a estas sensaciones, si quiero hacer esto el resto de mi vida. ¡Al fin respiro aire fresco, me siento libre, me siento viva otra vez!

-Lina, ¿Cómo está? Venga y entre, que lo ha hecho muy bien. Sin duda que será la mejor comadrona que hayan visto estos campos.- exclama Sica desde el interior.
-Claro que sí, si usted lo dice.- refuto dudosamente.

Vuelvo adentro para unas clasecitas más y para limpiar todo el revolú que ha quedado.

Durante días soñé con esa hermosa experiencia. Me fui enamorando profundamente del oficio. El niño lo llamaron Julito y esas memorias están en mi mente tan claritas como si hubiese sido hoy mismo, pero no dejan de ser tan solo remotas memorias. La virtud del recuerdo, traer a la vida sucesos del pasado, como si los estuviéramos viviendo ahora mismo. ¡A la verdad que recordar es vivir! Mi primer parto de incontables más. El milagro de la vida, el milagro de nacer, el milagro de sobrevivir, un alma más para este mundo cruel.

* * *

-Buenas noches Lina, ¿qué haces?- dice Ricardo desde adentro de la casa.

-¡Aquí descansando un ratito en mi mecedora, recordando un poco, ya sabes cómo es!- respondo sin mucho deseo de continuar hablando y vuelvo a sumergirme en mis pensamientos.

Esta tarde está muy oscura y tenebrosa. Una de esas tardes donde se me erizan los pelos y la respiración no la puedo mantener sosegada. No entiendo lo que estoy sintiendo. Inexplicablemente he pasado de estar en control y dominio de mis sentimientos y emociones, a ser una triste víctima del temor y el miedo.

-¡Naaahhh, miedo no!- se me escapa de la boca el pensamiento.

Esto no es miedo, es solo una inhóspita sensación de temor. ¡Sí, temor! Tal vez temor a la oscuridad o temor a la noche. Eso debe ser, temor a la noche, pero a la oscuridad jamás. Esto es algo mucho más profundo, definitivamente no me gusta la noche en lo absoluto. ¡La verdad es que el día debiera durar la noche entera!

¿Cómo puedo sentir temor a estos escalofríos? ¿O por qué siento estos escalofríos que me están causando tanto temor? ¡Siempre he sido muy valiente! Antes no era así, no le tenía temor a nada. Me comía los truenos y *erutaba* relámpagos. De hecho, la noche era mi mejor aliada, mi compinche querida, mi fiel camarada y cómplice de intimidades. Siempre deseé que la noche durara el día

18

entero. Disfrutaba de la soledad y el silencio. Silencio de la sociedad, de las personas, de los vehículos. Prefería escuchar la naturaleza y los hermosos cantos de los insectos buscando a sus contrapartes para poder reproducir su inusitada existencia.

Hoy no me comprendo y este sentimiento me aterroriza. He perdido el control sobre mí misma. Ahora sueño con un largo y eterno día donde no haya penumbras ni oscuridad. La luz me hace sentir segura y tranquila, no porque le tenga miedo a la oscuridad, sino porque la oscuridad representa a la noche misma. Me siento perseguida, agobiada por mí misma a la luz de la luna. No puedo con esto, es demasiado para mí, me he transformado en una cobarde y peor aún, no hay quien me haga admitirlo. Eso sí que no, prefiero fingir una coraza de valentía, aunque detrás de este escudo me sienta débil, indefensa e insegura.

Todos estos pensamientos vienen a mi mente mientras estoy sentada en esta vieja mecedora de rasas tablas, en este balcón de innumerables recuerdos. ¿Realmente puedo llamarla mi silla? ¿Podría hacerle justicia a su verdadera dueña al decir que ahora es mía? ¿Acaso será una infamia el pretender posesión de algo heredado? ¿Será que algún día seremos verdaderos dueños de lo que tenemos? ¿O siquiera somos dueños de lo que consideramos nuestro? Ni siquiera somos dueños del terruño que labramos. Del terreno, un título de propiedad que dice que somos dueños de esta finca es lo que tenemos y año tras año tenemos que pagar contribuciones e impuestos sobre ella. Supuestamente es nuestra tierra, la saldamos, pero si no pagamos esos gravámenes, el gobierno puede embargar o ejecutar lo que supuestamente es nuestro. Si verdaderamente fuera nuestro, nadie pudiera tocarlo o amenazarlo siquiera. Realmente es tan solo un título de propiedad que está sujeto a un poder más fuerte, a un gobierno que tiene potestad sobre lo que creemos poseer. Porque a la verdad que nunca he podido disfrutar de un sentido de pertenencia sobre este conjunto de artículos que he heredado, tampoco por los que hemos adquirido con el sudor de nuestra frente, con duro trabajo que muchas veces nos ha costado mares de lágrimas. Ni siquiera somos dueños de nuestro propio cuerpo, de nuestro futuro o de nuestro destino. Hoy estamos aquí y mañana quien sabe dónde. ¡Lo único que tenemos seguro es la muerte detrás de la oreja, eso sí es *asegurao*!

Aquí estoy, sentada en esta silla que he heredado de mi abuela Felícita, a quien por cariño le llamaba Tata. Ella pasaba horas y horas sentada en esta silla. Se mecía eternamente sin cansarse del chirrido que esta vieja silla hace. Muchas veces me desesperaba escuchar el sonar de las viejas partes que la componen, pero ¿quién le dijera algo a mi querida Tata? Aunque era una mujer muy amorosa y servicial, tenía un carácter muy *posteao*. Era un pan de Dios, pero terca como burro en celo. En cuanto a este fastidioso chirrido, debo pasarlo por inadvertido, aunque taladra en mis sesos como el tic tac de un reloj de agujas en cuarto vacío. ¡Cuántas veces la reparamos y muchas más le cambiamos los pliegues de ratán! Pero la madera se está deteriorando de tal manera que pronto habrá que reemplazarla en su totalidad. Cosa difícil, pues así como duele reemplazar una mascota o un elemento con personalidad propia, así va a doler reemplazar esta vieja mecedora grabada con inolvidables recuerdos.

Hoy recuerdo a Tata, la recuerdo en el sonido de este vaivén. ¡La pienso y recuerdo inmemorables historias! ¡Cuántos momentos lindos pasamos juntas y nunca pude expresarle todo el amor que verdaderamente le tenía! Era mi mayor deseo poder hacerlo, pero no sabía cómo. Se me hacía muy difícil, sino imposible, poder darle tanta ternura como ella merecía. No que no le diera amor y cariño, es que siento que no fue suficiente lo que por ella hice. Realmente no puedo pensar en algo que no hiciese por ella, dentro de mis limitaciones, ni algo más que hubiese podido hacer, pero por alguna razón siento que debí haber hecho un poquito más. No vivo satisfecha con las atenciones que le brindé. Ni siquiera percibo que las retribuciones por su cuidado abnegado fueran suficientes para tan grandiosa mujer.

Era de noche cuando sus ojos se cerraron por última vez para no volver a ver la luz del día. ¡Maldita *pelona* que la vino a buscar inesperadamente! Creo que por eso la noche ya no me inspira la misma confianza que antes le tenía. Cuando Tata vivía, las noches me fascinaban. Estaban llenas de historias, chocolate caliente con queso de papa adentro y muchos consejos de vida. ¡Qué mucho me ha ayudado la sabiduría de mi querida viejita!

-De los que te halagan y tiran piropos, no te fíes. Solo buscan de tu cuerpo la *mollejita.-* me decía.

Me reía y no decía nada, pero dentro de mí, reprochaba que siempre se preocupara tanto por los demás, cuando era ella quien estaba enferma y de quien había que tener cuidados. A pesar que casi no podía con su propio peso, siempre cuidó de mí. ¡Pobrecita Tata! ¡Qué rico hacía ese chocolate calientito en las noches para que yo pudiera dormir en paz! O por lo menos con la barriguita llena cuando era posible, porque tampoco esos lujos se podían dar todos los días en aquellos tiempos.

¡Cuánto te extraño en mis noches, oh, abuelita! Me he dado cuenta que tú eras mis noches y mis noches eran tuyas. Ya no estás, por eso la noche tampoco debiera estar, solo debiera existir el día. Así disfrutaría de la vida sin la melancolía que me produce esta profunda oscuridad.

La noche ya no es noche, es simplemente un día sin luz. Un día sin el adorno del sol y sus bellas sombras. Un día con diferentes ruidos y diferentes astros. Mi estrellita se fue como una estrella fugaz que surca el cielo y lo rasga en dos, dejando tras ella una estela de destellos que se disipan gradualmente al paso del tiempo. Así quedó mi bomba de sangre, rasgada e irremediablemente dolida. Le pesa latir y siento ahogo en mi pecho cuando pienso estas cosas.

Aunque han pasado años de mi pérdida, no lo he podido superar totalmente. Pensaba que lo había superado, pero me doy cuenta que cada día la extraño más y más. Experimento una profunda soledad que oscurece mi alma. Los últimos años han sido como una lenta, pero continua marcha hacia el interior de una caverna, donde con cada paso dado, va disminuyendo la luz y los sabores de la exquisita libertad. El aire se torna denso, la intensa humedad y los espacios claustrofóbicos me están llevando a peligrosos caminos de soledad. El camino se achica y las paredes parecen comprimirme en un espiral de insoportable asfixia.

No, antes no era así. Acepté la pérdida y hasta me alegré de que ya no sufriera más. Pero luego de pasado el tiempo, me he dado cuenta que cada día es más lo que la necesito. Era mi amiga y no lo sabía. Siempre la consideré solo mi abuelita. ¡Pero Tata era más que mi querida abuelita, llegó a ser mi madre querida!

Recuerdo aquel día que me llevaron a su casa en un carro de urgencias. Estaba un poco quemada de un lado, no tanto como para necesitar convalecer en un hospital, pero si necesitaba algunas atenciones. Era muy pequeña, por lo cual recuerdo vagamente esa noche cuando me dejaron en sus brazos. Son recuerdos mezclados con sueños de la infancia que han alterado las memorias hasta el nivel de no saber si lo que recuerdo es verdadero o es una compleja composición de imágenes mixtas que definen una composición completamente distorsionada de la verdadera realidad.

- ¡Mi Lina del alma, gracias a Dios que estás viva!- me dijo.

No comprendía cómo podía sentir alegría y cómo era que lloraba tristemente al mismo tiempo. Paréceme que debía tener unos cinco añitos o menos cuando sucedieron estas cosas.

-Te voy a curar esas *quemás* y no quedará ni rastro de esta triste tragedia.- añadió.

Así *embaló* para el huerto de yerbas que tenía, allí arrancó unos pedazos de una planta babosa que luego supe que se llamaba sábila y los peló, frotando la pulpa sobre mi piel quemada. No puedo decir que no ardía, porque gritaba de dolor cada vez que lo frotaba. A decir más y sin duda alguna, gritaba más por changuerías que por el dolor

25

mismo. Ya sabes, niña al fin. ¡Todavía siento cosquillas en el estómago al recordarlo! La planta no era el problema, es que las quemaduras había que rasparlas para limpiarlas y allí se ponían los huevos a peseta. Con todo y esa buena cura, tomó unos cuantos días bajar la inflamación de las ampollas que se formaron. Unas veces me aplicaba aceite de oliva y otras un poco de miel. Decía que la miel era buena contra las bacterias. Yo me reía y le decía que a lo mejor no me iban a comer las bacterias, pero las hormigas de seguro que lo iban a hacer; ja, ja, ja.

Por milagro y obra de Dios, no me quemé nada de la cara. Solo parte de un brazo y una pierna tenían unas manchas rojas y unas ampollas que me ardían mucho cuando las tocaba. Dijeron que fueron quemaduras de segundo grado, pero ¿qué sabía yo de eso para aquel entonces? El único segundo grado que había escuchado mencionar era el de la Sra. Martínez en la escuelita de la loma y eso porque decían que en su salón era mejor mudo que desnudo.

¡Sí, ay mi madre! Decían que si te encontraba hablando en su salón de clases, te enviaba a una esquina *esnú* delante de todos los compañeritos. ¡*Bah*, semejante mentira! Luego supe que eran cuentos de camino para amedrentar a los niños y hacerles respetar en el salón de clases. Ya sabes, crea fama y acuéstate a dormir. Una vez nos habíamos creído el cuento, se regó como la peste, de boca en boca. A pesar que no era verdad, vivíamos siempre con el temor de sufrir ese humillante escarmiento. Tuve la oportunidad de conocerla bien y de hecho, resultó ser mi maestra favorita. Era encantadora y jamás podría decir que fuera capaz de hacer las cosas que se decían de ella. De todas maneras, nunca nadie se atrevió a intentar descubrir si eran o no ciertos esos rumores que se comentaban.

Con el tiempo y los constantes lavados con limón, las aplicaciones de sábila y mucha crema de cacao, poco a poco esas manchas se fueron borrando hasta ser casi invisibles al sol de hoy.

Entonces conocí a Roberto. Él era un vecinito lleno de energía que vivía dos casas más abajo de la nuestra. Era muy rápido corriendo, en realidad era el mejor. ¡Pero se veía tan flaquito, enclenque y más largo que fila de fideos! El nene estaba más *jalao* que timbre de guagua y más largo que un día sin comer. Pero esa era su constitución física, porque Doña María su madre lo alimentaba muy bien. Eso aparte de que el muchacho comía más que llaga mala y tragaba más que un tubo con siete llaves.

Doña María su madre, fue una madre muy atenta. Don Martín su padre era un gran hombre de familia. Siempre lo cuidaba con cariño y velaba por su bienestar. A Don Martín siempre se le veía en la finca trabajando y de allí a su humilde hogar. Ni siquiera era como otros, que entre tiradas de topos y palos de pitorro, despilfarraban los centavos que debían usar para alimentar a sus pequeños vástagos. Luego, cuando ya sus sentidos se nublaban por tanto veneno acumulado en la sangre, se enfrascaban en peleas a mocho *afilao*. Cuando esto sucedía en el barrio, todos se lamentaban, pues los daños la mayoría de las veces, eran irremediables.

En el barrio había un hombre que se llamaba Lolo y el gran Lolo le tumbó una mano a Pepo de un solo machetazo. ¿Quién podría imaginarse cosa semejante? Nadie lo podía creer, porque eran grandes amigos desde la infancia, así como Roberto y yo. Luego se supo que Lolo estaba tan *intoxicao* de alcohol que ni recordaba lo que le había hecho a su gran amigo. De todas maneras, ambos estaban hasta las seretas. Uno no se dio cuenta de lo que había hecho y el otro ni sintió lo que le había acontecido. Uno termina en el calabozo por un tiempo y el otro en el hospital y manco para toda la vida.

Todavía Pepo anda por allí y Lolo por años lloró la desgracia que le había ocasionado a su mejor amigo. Dicen que estaban jugando a ver quién le daba un machetazo a un topo que Pepo tiraba al aire. Lolo en su borrachera no pudo atinar al topo y alcanzó la mano de su gran amigo. Ninguno de los dos recuerda con exactitud lo que pasó, así que solo se procesó a Lolo por agresión y mutilación involuntaria. ¡Cualquiera pensaría que esa linda amistad terminaría con esta tragedia! Pero esos dos son como uña y mugre. Todavía se pasan juntos metiéndose pitorro hasta por las narices. Pepo, decía que había perdido su mano, pero que no perdería a su mejor amigo. A lo mejor porque Lolo tiene un alambique y siempre está destilando pitorro *escondío* en el monte. El pobre tuvo que aprender a hacer todo con su mano izquierda. Por lo menos, sea por respeto o por pena, los del barrio lo llaman Pepo el zurdo y no Pepo el manco. Es que había otro Pepo, éste criaba cerdos y le llamaban Pepo mata puerco. Había que acostumbrarse a los sobrenombres. Al fin y al cabo, todos tenemos el nuestro, lo sepamos o no.

* * *

-**V**amos a jugar de cogidas. Corramos hasta la esquina del almácigo y entonces tratas de tocarme.- me dijo Roberto.

-Ok. Pero si no puedo alcanzarte me esperas un ratito, ¿ok?- le respondí.

-Claro. Vamos, corre, que para luego es tarde.

¡Así aprendimos a disfrutar de las cosas simples de la vida! Mi gran amigo de la infancia. Al principio sufría mucho porque me fatigaba fácilmente y el corazón se me quería salir por la boca, pero luego fue mejorando mi condición física. A tal punto, que después de un tiempo, Roberto tenía que decirme usted y tenga. Tenía que esforzarse cada vez más para poder alcanzarme. Más de una vez me rogó que lo esperara porque estaba *asfixiao* de todo el polvo que tuvo que tragar por mis zancadas; ja, ja, ja. Entonces lo esperaba y reíamos hasta más no poder. Corriendo dejaba atrás mis pensamientos y para cuando terminaba de jugar no recordaba la ausencia de mis padres.

Pobre de ellos, no lo lograron, no tuvieron la misma suerte de sobrevivir que tuve yo.

Cuando corría mis pensamientos quedaban atrás. Mientras más rápido lo hacía, menos recordaba, porque más se alejaban los recuerdos de mí. Por eso me llaman Lina gacela. Algún apodo tenía que tener y ese me pusieron. De todas maneras, a mí me gustaba que me llamaran así, no había muchacho que me aguantara el paso aparte del que me entrenó, mi gran amigo Roberto.

Pasaban cada vez más horas y días entre las cuales no le preguntaba a Tata por mamá o papá. Una tarde, luego de jugar con Roberto, encontré a Tata llorando en la cocina. Se limpió la cara rápidamente y me confesó lo difícil de haber perdido a mis padres. Perder a su hija supuso el dolor más grande que un ser humano puede experimentar. Yo no lo podía entender. Siempre vi a papá como un hombre fuerte, imparable, invencible, mi súper héroe. Sus manos toscas, ásperas y llenas de cayos por el arduo trabajo en el cañaveral, parecían inquebrantables. Sus lomos y brazos duros como el roble. ¿Y mamá? Ella era un ángel que nunca jamás nos dejaría. Su inigualable sonrisa quedó grabada eternamente en mi mente y en mi corazón.

31

Cuando se reía producía una diversidad de sonidos que harían reír a la persona más seria que existiese en el planeta. Realmente se disfrutaba su risa y hasta terminaba riéndose de ella misma. Hoy siento su risa susurrando a mi oído mientras me meso en esta silla. ¡No debería estar oyéndola, eso sí que me asusta en gran manera! No me queda claro si es el recuerdo de su risa o es una invención de mi cerebro. Peor aún, no sé si esta risa viene del más allá y me siento muy atemorizada. De todas maneras, ha pasado tanto tiempo de su partida, que me sería imposible recordar con exactitud si verdaderamente ella sonaba así. Ni siquiera puedo definir los detalles del recuerdo de su persona, los contornos de su rostro o la figura que la caracterizaba. No puedo recordar ni el color de sus cabellos o la tonalidad de sus ojos. ¡Hoy estoy tan confundida que no sé si pensar sea conveniente!

-Se han ido al cielo con papito Dios.- me dijo Tata.

Buen consuelo venía de parte de abuelito Goyo también, aunque él siempre fue muy reservado y calladito, lo que terminó explotándole el corazón antes de tiempo. Su pasión siempre fue por su finca, por su tala. ¡Qué mano para la siembra tenía mi abuelito! Los aguacates que daban sus árboles eran los aguacates más grandes de la zona. No solo que eran grandes, sino también su textura mantequillosa. Sí, porque la cantidad no hace la calidad, sino que la calidad es la que marca la diferencia. Después de todo, no puedo olvidar que los mejores perfumes vienen en frascos pequeños. ¡Pero estos eran la excepción, buenos perfumes en frascos grandes! Los *gazpachos* con bacalao eran la comida de la temporada de aguacates. Viandas, aguacate y bacalao. En las mañanas un buen *sanwish* de aguacate bien madurito con guineo maduro en pan *sobao* y al medio día acompañaba al arrocito con habichuelas y pollo frito cuando había disponible. También tenía un palo de naranjas que se iba al piso en la temporada de cosecha. Allí venía Tata, con su tremenda mano para exprimirlas y hacernos nuestro buen juguito del país. ¡En realidad tenía buena mano para todo! Manos para hacernos guarapo de caña, dulce de coco, majarete, dulce de lechosa, arroz con leche y *esgranaba* gandules hasta con los dientes. Mantenerle el paso *esgranando* gandules era peor que alcanzar a Roberto cuando embalaba cuesta abajo para que no lo alcanzara cuando estábamos jugando. ¡Sí, en verdad era tremenda! Hasta para corregirme su mano era muy efectiva. ¡Era mejor portarme bien y obedecerla, si es que no quería chillar como tuerca vieja!

Y pensar que esas cositas nunca las consideré como pericias. Pero hoy la extraño, mi noche no es noche, ya no más. Estas noches frías son como profundos túneles de oscuridad que absorben mis pensamientos. Son como esos hoyos negros que dicen que hay en el espacio. Tragan todo lo que encuentran a su paso sin misericordia alguna.

-Mañana vamos a despedirnos por última vez hijita- añadió tristemente en una ocasión.

-Y, ¿por qué papito Dios se los llevó? Los extraño mucho Tata.

-No te aflijas más, *mi'jita*, mira que todo tiene un propósito en la vida, todo obra para bien. Aunque no lo comprendamos hoy y nos duela tanto, tal vez en el mañana lo entenderemos con más claridad. ¡Ya aprenderás que para palo no nacimos!

Aunque no era una mujer religiosa, ni vestía hábitos, tenía una tremenda confianza en Dios. Una fe que muchas veces no vemos en aquellos que se pasan la vida en los templos o pagando votos en tremendas procesiones. Me enseñó esa fe sencilla, práctica, sin presunciones, sin protagonismos, sin vanas repeticiones ni hipocresías, sin vestimentas especiales y fanfarrias, sin indulgencias ni fanatismo alguno. Tampoco pertenezco a ninguna iglesia, aunque de vez en cuando acepto acompañar a mi amiga Minerva a la suya, pero no me he convertido como ellos dicen. A lo mejor algún día me convierto, cuando verdaderamente lo sienta hacer, pero por ahora estoy muy bien así como estoy.

En aquel entonces no sabía lo que estaba sintiendo dentro de mi pechito. Solo lloré por tristeza y sentía un desconsuelo tremendo que solo mis abuelitos podían mitigar. Claro que en aquel entonces no pensaba como pienso ahora. Imposible poder manejar con madurez esos pensamientos que me sobrevenían. ¿Qué iba a saber de la vida o de la muerte? Solo sentía la ausencia y los extrañaba indeciblemente.

-Te quiero mucho Tata.- respondí dándole un fuerte abrazo. Mi abuela era joven aun, pues se había casado con abuelo Goyo cuando tenía apenas diecisiete años. Por lo menos eso era lo que decía, pues no estaba seguro del año en que había nacido. En esos tiempos no se guardaban buenos registros de los nacimientos, tampoco de las defunciones, pero su edad debía estar por allí cerquita.

De lo que sucedió en ese accidente, no quiero ni recordar aunque pudiera. Realmente no vale la pena hacerlo. Solo añade tristeza y más oscuridad a esta noche tan penosa. Sería llover sobre mojado. De todas maneras, la ñoña mientras más se revuelca, más apesta y no se menciona la soga en casa del *ahorcao*.

¿Y cómo serán esas noches por allá por esos nortes, donde dicen que hay meses donde no se pone el sol? Me supongo que si fuera así en esta isla querida, la noche no me preocuparía como me preocupa hoy. Una noche sin oscuridad es como un mocho sin filo, ¿por qué le tendría que temer? Pensando y pensando mientras ondeo este viejo cuerpo en este viejo sillón de viejas maderas, en este viejo balcón. ¿Cómo hemos podido sobrevivir durante tanto tiempo?

***

-Cuidado Lina, puedes lastimarte.- era el *tacataca* de Tata. ¡La pobre parecía un disco *rayao*! Siempre me decía eso cuando me trepaba a tumbar quenepas en el árbol de la jalda.

Gracias a Dios que después de unos meses, los ungüentos habían hecho su trabajo y apenas se podían distinguir las marcas de aquella funesta tarde. No la recordaba más, solo pensaba en jugar, comer, dormir y ¿por qué no?, hasta en estudiar. ¡Bueno, a decir verdad, creo que no me gustaba mucho estudiar, era tan solo leer! Y para ser completamente honesta, tampoco me gustaba mucho leer. Más bien era ver las ilustraciones de los libros, los dibujitos de opacos colores que para aquel entonces tenía en los libros de cuentos que había en casa. También me gustaba mucho el libro de *Leyendas Puertorriqueñas* de Cayetano Coll y Toste, el cual Tata me leía religiosamente casi todos los días.

-¿Tata, quieres tamarindos? Le gritaba desde el palo, después que ya me había *trepao* y *encontrao* una coyuntura de ramas donde sentarme.

Me encantaba hacer eso, sentarme en un espacio entre ramas donde pudiera descansar, recoger unos pocos tamarindos y disfrutar de la fresca brisa de la montaña, cobijada bajo la sombra de las propias ramas que me servían de asiento. Me tomó un tiempo aprender a escogerlos bien. A veces los recogía nuevos y cuando los trataba de *espacharrar* para abrirlos, no podía porque estaban muy duros y la cáscara estaba muy pegada a la pulpa, eso sin considerar que sabían demasiado agrios. Al probarlos, la cara se me desfiguraba y nos moríamos de la risa. Por otro lado, si estaban pasados, se veían totalmente secos y no se podían comer. Ahora, cuando estaban en su punto y los abrías, podías ver una gota de melao en la punta de la última pepa de abajo. Esos eran los buenos, los adictivos, los agridulces, los que clamaban por ser devorados una y otra vez. Eso era comiendo y guardando las pepitas. Luego las utilizaba para tirarle al que pasara por allí. ¡Qué días aquellos!

A esta edad, aunque quisiera trepar el viejo árbol de tamarindo, ni con una escalera podría. Estoy más *trancá* que una mesa de dominó. Ni siquiera recuerdo cómo lo hacía, ni cómo mi tierno cuerpecito podía lograrlo con tanta agilidad. Esa corteza tan áspera nunca me pudo detener, muchacha al fin.

En otras ocasiones apretaba demasiado duro los tamarindos y todos los pedacitos de la cáscara se quedaban *pegaos* a la rica pulpa que tanto saboreaba; ja, ja, ja. Recuerdo la primera vez que comí tantos tamarindos que se me pelaron los cachetes por dentro. No me di cuenta hasta que era muy tarde y por varios días no pude comer uno sólo más. ¡Ay Dios mío, solo el que lo ha vivido podría entender lo que estoy recordando!

Roberto y yo éramos como dos gotas de agua, a pesar que era dos años mayor que yo. Cada vez que podíamos nos trepábamos en los árboles a comer frutas, parecíamos dos monos salvajes. ¡No había árbol que se salvara de nosotros! Casi, casi, teníamos permiso para *cabrear* en cualquier palo que no fuera parte de la tala de abuelo Goyo, siempre y cuando no estuviera lloviendo y tuviéramos mucho cuidado. No nos acercábamos a la tala porque él tenía una vara de guayabo que la llamaba el espanta pájaros. Nunca nos pegó, pero del mero susto, en más de una ocasión corrimos espantados como alma que ha visto al diablo venir.

¡El gran Goyo! Daba gusto ir al río a pescar con él. El hombre se metía por debajo del agua entre las raíces de los árboles que están en el cauce y sacaba tremendos camarones que se le llaman *coyonteros* o *palancús*. Camarones grandísimos, de doce pulgadas o más. Bastaba cuatro o cinco de ellos para llenar una paila de manteca de cinco galones. Grandes como langostas, de un marrón que se tornaba en un hermoso rojizo cuando se le asomaba a la candela. Yo me entretenía pescando *chágaras* o camarones pequeños de entre las piedras en áreas llanitas. Iba con calma, de piedra en piedra, levantándolas y siempre encontraba alguito por ahí. Tenía que bloquearles la escapatoria en su retaguardia, porque nadan muy rápido hacia atrás y si no avanzas se te escurren entre los dedos, como penca de sábila *pelá*. De vez en cuando, nos íbamos a pescar chopas de a hilo o cordel, con lombrices o lo que encontráramos de *carná*. De noche pescábamos cocolías con un muslo de pollo amarrado a una cabuya. Cuando sentíamos la picá, halábamos lentamente hasta traerlas a la orilla y allí le echábamos mano tan pronto pudiéramos, si era que las lográbamos sacar. Si no, con las trampas era más fácil. Abuelo hacía unas trampas con alambre en forma de cilindro. Como de ocho pulgadas de diámetro y dieciocho de largo más o menos. Un extremo iba cerrado con alambre y al otro se le hacía una entrada cónica con un hueco en el centro como de tres a cuatro pulgadas, con el cono hacia adentro. Esta parte era removible, para usarla de acceso a poner la *carná amarrá* adentro y para poder despescar las trampas. El hueco no se podía dejar muy grande porque si no se podía salir la pesca después de entrar, pero tampoco tan pequeño porque no pasaba el casco de las cocolías más grandes, que esas eran las mejores. De modo que cuando las cocolías, camarones o chopas entraban a darle a la carná, no podían salir. Las tirábamos en las *posetas* más hondas y había que dejarlas buen rato. Casi siempre se dejaban de un día para otro. Siempre se cogía algo. A las cocolías yo no le metía las manos, muerden duro de verdad. La mordía de juey nos es nada comparado con las de la cocolía, pero vale la pena porque la carne es muy, muy deliciosa. Por menos que fuera, siempre se encontraba para comer. La comida no cae del cielo, así que había que meter mano para sobrevivir. Se muere de hambre el que se deja. La naturaleza nos suple lo que necesitamos, pero está el vago que hace orilla.

Lamentablemente abuelo Goyo experimentó la muerte muy joven. Le dio un *patatú* y luego de unas fiebres muy altas, no pudo resistir y se nos fue. Fue un golpe muy duro para nosotras, la vida se nos hizo más dura para sobrevivir sin él, pero con el tiempo nos adaptamos.

Fue mucho más duro para Tata, que para mí. Por un tiempo no era la misma amorosa y atenta abuelita, sino que se la pasaba retraída y pensativa. Solo recuerdo que hizo un esfuerzo sobrehumano para ayudarme a salir adelante y siempre veló por mi bienestar. La mera responsabilidad de sacarme adelante la obligó a superar su implacable luto.

Yo me refugié en mi amistad con Roberto. De vez en cuando jugábamos a la peregrina con los demás amiguitos de las fincas cercanas. Hacíamos los cuadros del uno al diez, preparábamos nuestras bolsitas de arroz, habichuelas o piedritas y a divertirnos se ha dicho. Muchas veces pasábamos horas jugando con canicas de cristal, bolitas de *corote*, bolita y hoyo, bolitas de *cholín* o como quisieran llamarle. Teníamos de muchos estilos, tamaños y colores. Hasta nombres le poníamos según las características de cada una, para poder distinguirlas y hacer negocio. Los chinos o chinitos, eran las bolitas de uno o más colores sólidos, muchos de ellos con hermosos espirales de color, otros con fascinantes patrones *marmolizados*. Las cebollitas eran bolitas transparentes que tenían por dentro como hermosos ojos de gato. Las más comunes se llamaban los *cholines* y las bien grandes eran los bolones. Por lo general jugábamos a la famosa olla. Se marcaba un círculo en el piso, esa era la olla y cada cual ponía una cantidad de canicas adentro, por lo general *cholines*. Se jugaba tirando por turnos, con la única intención de sacar las canicas que pudiéramos de la olla. Las canicas que sacara cada cual eran suyas, cada cual respetando su turno y las reglas establecidas. Se disparaba la canica con el pulgar, jugando con cuartas o sin ellas. La cuarta era una forma de usar una mano marcando una extensión para el tiro, cuestión de poder acercarse más al blanco, mientras con la otra disparaba la canica. Los más experimentados podían lanzar esas canicas a mil millas por hora y pegarle a lo que fuera desde bastante lejos. ¡Como todo, unas veces perdíamos canicas y otras veces ganábamos, lo hacíamos por pura diversión! Algunos teníamos tantas canicas que había que echarlas en galones plásticos vacíos de cloro, de aceite o de lo que apareciese por allí. También hacíamos trueques. Cinco *cholines* por un bolón, diez *cholines* si el bolón era de ojo de gato. Dos *cholines* por un chinito y así según mereciera el negocio. Las reglas se ponían al comienzo de cada juego, se podían cambiar según la ocasión. ¡No importaba, lo que era igual no era ventaja para nadie!

Mientras las niñas jugaban pase *misí y pase misá o arroz con leche se quiere casar,* yo me iba a bailar trompos. Para ese tiempo se compraban o se hacían las famosas vaquitas, que era un trompo más grande del normal, al cual se le cambiaba la punta y se le ponía una punta de clavo. Por lo general se utilizaba un clavo de cuatro pulgadas para esos efectos. Se clavaba para dentro del trompo por la parte fina de abajo y luego se cortaba el clavo al largo adecuado con una segueta, casi siempre sobresaliendo media pulgada o algo así. Había que *alimarle* bien la punta al clavo y bolearla hasta que quedara bien suavecita, cuestión de que quedara balanceado y cuando se tirara zumbara y bailase serenito, no trotón porque brincaba demasiado. Para ponerlo a bailar, se le enroscaba la cabuya, de abajo hacia arriba y se tiraba con fuerza de forma tal que azotara duro, cayendo de punta y zumbando como un torbellino. Se tenía que practicar mucho para desarrollar la destreza y afinarla, aún más para poderlo coger bailando en la palma de la mano. Con los trompos también se jugaba a la olla. Dentro de la olla, cada cual ponía un trompo y se bailaba el trompo con la intención de que el trompo sacara de la olla otro trompo y esa era la ganancia. De igual manera jugábamos tirando a rajar trompos y de otras maneras más.

44

¡Cuántos juegos inocentes y divertidos! Juegos como el famoso *meaíto* de la flor del árbol que llevaba su mismo nombre. Jugábamos al gallito, rompiendo semillas de las algarrobas amarradas a un cordón, un dos tres pescaíto, patíbulo, cuica, guerra, pelota con bolas de trapo, la botellita, a escondidas, la carretilla, *caballito, yoyos* y tantos y muchos más.

Cuando no, nos trepábamos en un guayabo, en un árbol de pomarrosa, de mamey, de corazón, de níspero, de hicaco, de algarrobas o de mangó, hasta en los palos de aroma con sus miles de espinas. Un día estábamos jugando entre rama y rama de un árbol de goma. ¡Era majestuoso, debía medir unos treinta pies de alto, con tantas ramas que no podíamos contar! Nos fascinaban las raíces que bajaban desde lo alto, o debo decir lianas, no sé. Tal vez una combinación de ambas. ¡Nunca supe cómo llamarlas! Parecíamos monos saltarines en nuestra edad de diversión. Sus majestuosas raíces que sobresalen del suelo demostraban su gran fuerza para mantenerse firme ante todos los huracanes que ha sobrevivido. ¡De seguro que no habrá tormenta que pueda derribarlo! Allí está firme como soldado listo para la batalla.

45

-¡Vente Lina, corre, no dejes que te alcancen!– grita Roberto repentinamente.

-¿Qué te pasa, porqué te vas tan rápido?- respondí.

-¡Corre Lina, que hay avispas, corre nena que te comen, corre!

¡Para entonces fue muy tarde el aviso! La primera *picá* me hizo brincar como canguro y la segunda me hizo correr como yegua *esnúa*. ¡Oh Dios mío, prendí como *siquitraqui*, no sabía cuánto dolía una *picá* de avispa! Corrí como caballo con gríngolas y creo que le pasé por el lado a Roberto sin siquiera verlo. De hecho, ni recuerdo para donde corrió el. Corrí hacia mi casa sin detenerme ni mirar atrás, sin pensarlo, por *puritito* instinto de supervivencia. Allí estaba, llorosa, sudorosa y más *asustá que cucaracha en baile de gallinas.* Entre risas y lágrimas pasamos un buen rato mi abuela y yo. A la verdad que nos daba risa, pero también me dolía mucho donde me habían *picao.* Sentía los latidos del corazón en las orejas y tenía que hacer esfuerzo por tomar aire. Me tocó tragar hondo muchas veces para poder bajar hasta las amígdalas que se me querían salir por la boca. Sudaba como mula *cargá* y la

46

mera sensación del zumbido de las avispas en mi mente me aterraba. El codo derecho estaba rojo como tomate y las demás *picás* estaban hinchándose a las millas de *chanflán*. Como era de esperarse, Tata fue a su huerto, recogió unas hojas de salvia y llantén, las machacó junto con unas pocas flores de lavanda y santo remedio. Gracias a Dios que nunca más me han picado avispas. Me bastó esa experiencia para evadirlas y correr aún más rápido cuando sospechaba que habíamos molestado algún nido de ellas. ¡Después de todo, me bastó una *patá* para aprender a no pararme detrás del potro!

-No te preocupes *mi'ja*, nadie se muere por unas *picás* de avispas, no sea tan cobarde.- dijo Tata.

Por un tiempo, cada vez que me iba lejos, Tata me fastidiaba con las dichosas avispas:

-¡Corre Lina, que por allí vienen las avispas!

Supongo que no era verdad, pero corría y me encerraba en la casa inmediatamente. No es que les tuviera terror, es que les tomé un gran respeto a ese aguijón que traen en su retaguardia; ji, ji, ji. Penetra en la piel como puñal que

47

clava el alma. Después de todo, un rayo no cae en el mismo sitio dos veces. ¡Bendito, lo flaca yo y esos malditos aguijones que fácilmente podían pasarme de lado a lado!

Para ese entonces debí tener como ocho añitos de edad. Apenas recordaba a mis padres y Tata se convirtió en mamá. ¡Era tan pequeña y tan inocente, aprendiendo a tener malicia con los cantazos de la vida! Oh me aguzaba rapidito o seguiría pagándolas bien caro.

-Hoy vamos a desayunar *funche*. Un desayuno saludable te va a hacer vivir más años que Matusalén. – me decía.

Me encantaba cuando lo hacía. A la harina de maíz le añadía un toque de sal y hasta me lo preparaba con caldo de *pescao* o bacalao. Me sentía que podía correr toda la sierra y trepar hasta el más alto árbol de pana. Nunca volví a treparme a un árbol de goma, por razones obvias, siempre los asocié con las avispas y le cogí repelillo. Sus grandes, brillantes y coloridas hojas, sus enormes raíces por encima del terreno y sus colgantes lianas, lo hacen uno de los árboles más majestuosos que jamás haya visto. Digo uno de los más majestuosos, porque la ceiba es el máximo esplendor de la madre naturaleza. Y tercero en mi lista, es la hermosura del almendro. Siempre me ha fascinado la forma en que crecen sus ramas. Del flamboyán, ni hablar, con sus hermosas variedades de color rojo, amarillo o azulado. Se engalana en sus floraciones y es majestuoso como el pavo real. ¡Qué hermosuras de la naturaleza!

* * *

Roberto y yo siempre fuimos y seremos mejores amigos. Compartíamos en la mañana camino a la escuela, en el almuerzo y luego que salíamos, pues él estaba dos grados arriba que yo y estudiábamos en distintos salones. Roberto no me atraía para nada, el que me gustaba era Lalito. Lalito sí era muy atractivo, aunque aburrido en demasía. ¿De qué me servía suspirar al verlo, si luego no quería correr o trepar árboles por no sudar y ensuciar su ropa? ¡Naaahhh, él no era para mí! Me bastaba con que me ayudara a hacer los exámenes de la escuela. Sabes, esas ayuditas, cuando a mitad de examen se te olvida alguna contestación; ji, ji, ji. ¡Nunca he dicho que he sido una santa, el que esté libre de pecado, que tire la primera piedra! Lalito tenía mi edad. Venía de padres mejor acomodados, pues eran los dueños del colmado del barrio. Pero allá él con sus delicadezas, yo estaba hecha de otra madera. Una madera más rústica, madera que para leña o para carbón hubiese sido perfecta; ja, ja, ja.

Disfrutaba correr libremente por las lomas y apreciar de la hermosa naturaleza. Y con Roberto era que gozaba de completa libertad en nuestra niñez. Nos bañábamos en la *quebrá*, trepábamos árboles, rodábamos por el pasto, corríamos al horizonte, comíamos frutas silvestres, hacíamos chistes y éramos dos niños muy felices. Además, él nunca me dijo nada sentimentalista o atrevido, nuestra amistad era de pura diversión, sin malicia alguna como me imagino que algunos pensarían. Y le agradezco mucho que haya sido de esa manera. ¡Total, con la peste a sicote y sobaco que siempre teníamos! ¿Quién pensaría en otra cosa? Más *esgreñá* no podía andar, mi cabeza parecía una pepita de jobos y muchas veces teníamos unos surullos de tierra en el cuello y los codos que parecían lombrices; je, je, je.

Siempre nos íbamos juntos a la hora de regresar de la escuela. Era preciso verlo cuando lo corrían los gansos de Doña Aurea. Gansos que parecían perros salvajes detrás de él. Extendían su cuello, granjeaban y corrían tan rápido como podían, con la única intención de alcanzarlo para picarle. Él les tiraba con su bulto de libros y yo que iba más atrás, lo recogía y pasaba tranquila, mientras él me esperaba al otro lado de la *quebrá*, apenas recobrando su aliento y estabilizando su alterado pulso. Era muy divertido verlo correr huyendo a galope, muerto de la risa. ¡Qué golpe de adrenalina tan sabroso, tan adictivo! Siempre me pregunté qué pasaría si se caía y los gansos lo alcanzaban. Esos tres feroces animales, ¿qué harían si lo hubiesen alcanzado? Tal vez ni picaban *ná*, pero no estábamos dispuestos a ser conejillos de India para descubrirlo.

Para cuando me tocaba entregarle su mochila, él había tomado aire mientras miles de gotas de sudor buscaban traspasar la tostada capa de piel morena que lo envolvía. Nos reíamos hasta el cansancio, hasta que nuestras mandíbulas y abdominales nos dolían. Especialmente si en el camino se tropezaba con algún obstáculo o le daba la famosa punzá que rompe en el vaso, punzá que penetra tratando de obligar a detenerse súbitamente. Y pensar que todos los días era la misma historia, el mismo perro con diferente rabo y nunca faltó la gracia en la tan esperada carrera. Nos poníamos muy ansiosos al llegar al área de la casa de Doña Aurea, pero corriendo nos sentíamos plenos, absolutamente *pompeaos*. Nos fascinaban los retos, el

51

peligro y jugar con fuego era una de nuestras especialidades, metafóricamente hablando. Imagínese, si alguien sabía que no se debe jugar con fuego, esa era yo. Bien sabemos que el que juega con fuego tarde que temprano se quema y es mejor no prender fuego si no aguantas candela. ¡Por lo demás, los riesgos calculados eran los que nos atraían continuamente!

Doña Aurea en la tardes se pasaba desyerbando sus plantas de flores que tenía en un jardín rodeado de unos viejos *zines* frente a su humilde casa. Unas matitas de rosas, amapolas, chuchos y cositas así. Daba la casualidad que a la hora que pasábamos frente a su casa, el portón estaba abierto y los feroces gallardos salían en pos del primero que se apareciera. Siempre pensamos que ella dejaba el portón abierto a propósito, para ver correr a Roberto. ¡Sí, definitivamente eso era así! Hubo ocasiones cuando salíamos temprano por la ausencia de algún maestro y cuando pasábamos por la casa, el portón estaba cerrado, mientras ella lavaba ropa o hacía alguna tarea del hogar. Pero en las tardes, varias veces la sorprendimos riéndose mientras llamaba con su famoso pitito a sus fieles mascotas de regreso a la casa. ¡Como a nosotros nos gustaba cucarlos, disfrutábamos todos juntos de esas descargas de adrenalina que no se podían dejar pasar! Teníamos la opción de pasar por el otro camino como hacían los demás niños, pero a nosotros nos gustaba esta diversión. Me imagino que para ellos, nosotros éramos brutos y ellos eran inteligentes; pero para nosotros ellos eran unos cobardes y nosotros éramos valientes y aventureros. Por eso no comprendo por qué ahora tengo tanto temor de la noche, cuando el temor siempre fue el combustible para mis aventuras.

* * *

Ahora estoy aquí, en esta vieja mecedora explorando mil recuerdos y me descubro riéndome sola de estas viejas experiencias que he vivido. ¡Verdaderamente, recordar es vivir! Dicen por allí que el que se ríe solo, de sus maldades se acuerda. Sin duda alguna eso es una gran realidad. ¡Qué aburrida debe ser la memoria de las personas que no han aventurado en esta vida! ¿Qué historias le contarán a sus hijos y a sus seres queridos? Supongo que historias ajenas, prestadas, extraídas de libros que ni se sabe a ciencia cierta si son falsas o verdaderas. Mis historias siempre han sido de aquí como el coquí. Sin preservativos ni nada de esas cosas que están añadiéndole en estos tiempos a todo lo que se consigue enlatado. Me estoy riendo, pero aun siento una terrible sensación de temor. ¿Por qué no puedo superarlo? ¿Por qué miro sin poder ver? Trato de hallar sentido a mis noches, pero deseo que amanezca para vivir solo los días. Sí, eso quisiera, vivir solo de día y que la noche no existiera más. ¡Esto a pesar que la noche tiene sus cositas buenas también!

Tengo toda mi tala sembradita de plantas medicinales, de remedios caseros, pero nada me resuelve esta maldita ansiedad que me ahoga. No es una ansiedad como de *tostaera*, es algo sutil que me molesta, que me incomoda en gran manera. Siempre persiguiéndome como una sombra que no me suelta. Muy por el contrario, me zarandea, me arropa y me oprime. Me hace sentir mortificada e increíblemente, por raro que sea, solo me sucede durante las noches. ¡Sí, claro que soy normal! Tan normal como cualquier persona, o al menos eso es lo que creo. ¡Ojalá que no me equivoque! ¡Al fin y al cabo, de poetas y locos todos tenemos un poco! No hay quien no hable solo, ni existe quien por un momento no desvaríe. Somos seres humanos, cortados todos por la misma tijera. Creados por un mismo Dios y educados en un mismo mundo. Todos nacemos de una mujer y comemos por una boca. Somos seres sociales y nos afecta grandemente la soledad. Nos guste o no, estamos interconectados los unos con los otros en este mundo cruel, lleno de tantas injusticias.

¿Por qué pienso tantas cosas cuando me siento en ésta vieja mecedora? La verdad, aún no lo he podido descifrar. Precisamente por eso es que no me gustan las noches, porque junto con ellas vienen innumerables pensamientos, como batallones de langostas en busca de siembras que devorar. Soy como una de esas plantas inocentes, que viendo al enemigo acercarse no pueden contener el traqueteo de sus rodillas sin poder hacer nada. ¡Es inevitable! Y más triste aun, creo que ese ejército de enemigos está dentro de mí. Enlistado en brigadas de temores, batallones de pensamientos, escuadrones de soluciones temporeras y al fin y al cabo, con una invencible alianza entre las tinieblas de la noche y esta vieja silla mecedora. Para colmo, no puedo dejar de usarla, es muy cómoda y su vaivén me arrulla deleitosamente. Me atrae como un poderoso magneto que no puedo resistir. Ciertamente estos pensamientos son los que me atemorizan. Por otro lado, tengo miedo de dejar de pensar. Simultáneamente tengo deseos de pensar y de no hacerlo. Todas las noches me pasa lo mismo. ¡Y peor aún, no puedo evitarlo! Pienso en lo que estoy pensando y no se ya que pensar. ¡Sí, es esta silla mecedora! Es como una silla eléctrica que le prende candela a mis pensamientos. Brincan, se alborotan y ante el chillido de las viejas tablas comienzan a brotar de impensados rincones de mi subconsciencia. Salen como bandadas de murciélagos desde las oscuras cavernas de mi alma. Debe ser ese mi gran temor, el no poder controlarlos o que en los pensamientos me extravíe para no volverme a encontrar. Es por eso que cuando pienso, vuelvo a pensar que solo estoy pensando, para encontrar la ruta de regreso a la realidad. Algo así como ir dejando un cordón tirado marcando el camino mientras paseamos por el bosque, cuestión de encontrar la ruta de regreso a la hora de retornar. Sin lugar a dudas que no hay peor enemigo que nuestros propios pensamientos y que de la abundancia de los mismos habla nuestra alma.

* * *

Son las nueve y media de la noche. Lo sé porque ha sonado la canción del reloj de cadena. Es hora de dormir, hora de desconectarme de mis cavilaciones. Hora del ritual del sueño. Debo acercarme al tiesto de la cocina, colectar algunas flores de tilo o de manzanilla y hervirlas hasta que su poción ennublecedora se mezcle con las aguas de mi conciencia, como danza india para que caiga el sueño en los campos de mi soledad. Solo así puedo bajar la vivacidad de estas evocaciones.

Oigo mis pensamientos, en remplazo de la sabiduría de mi querida Tata. Aunque no recuerdo la mayoría de los detalles sobre mi madre, hay un rastro en mi subconsciencia que me hace guardarle ese espacio, aunque esté ausente en mi vida. Peor que ausente en mi vida, ausente en mis recuerdos. Después de todo, no fue su culpa perecer en aquel accidente, como tampoco fue la mía sobrevivir. Tal vez fuese mejor haberme ido con ella. Pero, ¿quién cuidaría de Tata? Como me cuidó la cuidé, como me amó la amé, como me mimó la mimé. ¡Eso me hace sentir bastante satisfecha, aunque no del todo!

En fin, esta noche voy a tomarme un té de manzanilla con menta. Sí, me hará sentir mejor. Mañana será un lindo día, quien sabe y por fin no traiga una noche oscura pegada de sí.

* * *

Es muy temprano en la madrugada y se escucha el canto de las guineas en el patio y los animales comienzan a despertar. Los oigo como a la distancia, muy lejos, hasta que despierto con el rico aroma del café que se está colando en la cocina. Ricardo se ha levantado muy temprano a preparar este brebaje que por tradición y gusto bebemos religiosamente al levantarnos y varias veces más al día. ¿Por qué somos adictos al café? La respuesta parece haberla dicho San Agustín: *el hombre es incurablemente religioso.* Y como para mí el tomar café es un rito habitual, entonces es un patrón de consumo totalmente incurable, lo cual lo convierte en un inviolable sacramento. ¡Sin duda que millones pensarán de igual manera, aunque muchos otros se conforman a otros ritos y ceremonias! El que no tiene *dinga,* tiene *mandinga,* eso es así. Otros dicen que la adicción la causa la cafeína porque la ciencia lo puede demostrar. Pero yo pienso diferente. ¿Y qué de aquellos que en su inquebrantable rito lo toman descafeinado con la misma adicción que los demás? El compaisa dice que toma café, así sea de garbanzo, ¿qué tal esa? ¡Al fin y al cabo, todo exceso es un vicio y el que no tenga un vicio que tire la primera piedra!

Ricardo, mi esposo, es un hombre alto y bien formado. En sus cincuenta, trigueño, maltratada su piel por incontables horas de trabajo bajo el sol. De robusta constitución física, producto de la siembra y del arduo trabajo en el campo. Por mi parte, yo tengo mi tala de plantas medicinales. Mis manos son ásperas y toscas, aunque cuido mi piel lo más que puedo. Él se ha dedicado a la siembra de viandas, frutas y vegetales. Tiene buena mano con todo lo que siembra, me recuerda a abuelo Goyo. Mucho de lo que sabe se lo enseñó el. Ricardo cuida muy bien del terruño que nos dejaron por herencia. Es amplio, suficiente para proveer el sustento que hemos necesitado y ayudar a costear los estudios universitarios de Valentina. Gracias a Dios que tiene un buen aprovechamiento académico y la beca le cubre prácticamente todo el costo de los estudios, con muy pocas excepciones que podemos cubrir.

Anoche Ricardo se acostó temprano, tan pronto se asomaron las primeras sombras de oscuridad. Me dijo que estaba *reventao* y se acostó con las gallinas. Yo me quedé en mi vieja mecedora meditando como de costumbre. ¡Hoy me siento bien, me siento contenta! Me llena de alegría abrir los ojos a un nuevo día. Aún me estoy estirando un poco cuando de repente escucho su voz:

-¡Lina, buenos días! Aquí te traigo un traguito de *cafeíto* caliente.

-Buenos días campeón, muchas gracias. Me había dado el olorcito tan rico de este venenito que has *colao*. ¿Y qué? Anoche te acostaste tempranito, ¿descansaste bien?

-Sí mi amor, renové fuerzas. El trabajo no hay quien lo acabe, ya sabes. Primero te acaba el a ti. Hoy trabajaremos en la ladera de la finca que da hacia los Matos. Voy a recoger la última cosecha del cafetal, lo poco que queda, mientras un par de peones aterran las matas de plátanos que sembramos hace dos meses. Esas plantas van muy bonitas. La gallinaza con la que la abonamos, las lleva a las millas. A los guineos vamos a echarle un poco del estiércol de caballo que ha estado curándose detrás del establo. Esa *compostita* va muy bien, casi está lista para usarse.

-No olvides que Valentina viene la semana que viene de vacaciones.- le recordé lo que ya él sabía- Ella quiere pasar tiempo de calidad contigo antes de regresar a su internado.

Valentina es nuestra hija. Está estudiando en la universidad y pronto terminará su internado en medicina. Es por eso que está estudiando en la ciudad y no puede venir si no es en sus vacaciones o fines de semana largos, los menos. Eso no le quita que adore el campo y a los animales, las siembras y el darse su paseo a caballo por estos montes. Prefiere cabalgar a su Rocinante, llamado Coco. Coco es un caballo un poco brioso, pero resulta que ella lo domina fácilmente. Le gusta los retos y Coco siempre lo ha sido para ella y para cualquiera. Supongo que lo primero que hará a su llegada sea dar una vuelta con él, ver las siembras, saludar a los peones y a sus amistades, para luego ayudarme un poquito en mi huerto de plantas medicinales.

Valentina dice que va a usar mis plantas en su práctica de medicina. ¿Mis plantas? ¡Como si yo las hubiera inventado! Ella cree que Dios hizo las medicinas que este cuerpo necesita, las puso en la naturaleza y que hay que recordarle a los demás lo que antes sabían y han olvidado. Es fuerte y dura al trabajo como Ricardo su padre, por darle algo de crédito, pues modestia aparte, soy dura al trabajo también. ¡Y pensar que le gusta tanto el campo! Desde pequeña ha sido muy valiente, así como yo. Le gusta la aventura, pero no es de las que trepan árboles y corren por las laderas. Eso no, a ella le gusta montar a caballo e ir a cazar. Tiene buena puntería y no hay tórtola que se le escape tirando con una vieja escopeta que Ricardo tiene por allí.

-Ricardo me mira a los ojos y me dice- Este *cafeíto* es del que tostamos la semana pasada. Nada como consumir el producto de nuestro propio esfuerzo. No cambiaría esta tacita de café por nada en el mundo. – sonríe.

Da un sorbo a su taza y continúa diciendo.- ¿No pensarás que he olvidado que Valentina viene? Le di aviso a Don Lelo para que me acompañe a buscarla a la estación. Coco está esperándola con deseos de pasear por estos montes. ¡Porque que muchachita la nuestra para querer a ese caballo *potrón*!

Ricardo tiene una excelente relación con Valentina. Es un buen hombre y como padre, es el mejor. Se van juntos a cazar y desde que es muy pequeña le ha enseñado los quehaceres de la finca. A ella le gusta, pero prefiere estudiar por supuesto, lo cual yo he visto con muy buenos ojos. Cuando me mostró su interés por estudiar medicina, rápidamente pensé que podía hospedarse en casa de

62

Roberto y su esposa Patricia, pues ellos viven cerca de la universidad. Gran ventaja contar con amigos de tal confianza, ¿ah?

Cuando llegamos a la adolescencia, los padres de Roberto se mudaron a la ciudad y se fue mi compañero de campo. Me puse muy triste por eso, aunque por un lado fue lo mejor que me pudo pasar, pues estaban cambiando mis intereses y para entonces me atraía Ricardo. Cuando nació Valentina, Ricardo y yo sabíamos que los mejores padrinos que ella podría tener serían mi gran amigo Roberto y su esposa Patricia. Ellos también tienen dos hijas más o menos de la edad de Valentina, es por eso que ella se siente muy cómoda en su casa. Además la tratan como a su propia hija. Para decir verdad, le debo gran gratitud a Patricia la esposa de Roberto. Es como si hubiese adoptado a Valentina, la trata como a otra hija más. Si no fuera por ella, la pobre Valentina no hubiese durado un semestre en la universidad. Tuvo que ayudar a refinar muchas áreas de su conducta social que estaban más ásperas que cáscara de aroma. Bendito, es que la pobre se crio sin hermanitos y siempre metida en el campo la llevó a ser tosca y dura en las relaciones personales. Pero se ha adaptado poco a poco a la vida disque más refinada del pueblo. A la verdad que para mí, la vida en la ciudad es menos social que aquí. La diferencia estriba en la calidad de gente y en la confianza que desarrollamos con nuestros *compaisas* por acá. Eso con mucho cuidado, con ojo al pillo, porque donde quiera se cuecen habas y de cualquier malla sale un ratón.

Por acá dependemos los unos de los otros, por allá lo que reina es la competencia, la envidia, el sobresalir y tener reconocimientos, no importando quien se tenga que ir por el chorro. Nosotros, si no trabajamos en equipo nos morimos de hambre, así de sencillo. Tenemos que confiar a ojo *cerrao* en el trabajo bien hecho de los demás. Si vamos a sembrar, tenemos que confiar en el que preparó la tierra y en los que seleccionaron la semilla. Si vamos a cultivar, tenemos que confiar que los que sembraron hayan utilizado una buena semilla. ¡Sin buena semilla, simplemente no hay buen fruto! Cuando tratamos con papayas o lechosa, tenemos que saber que solo la semilla que se hunde en una *cacharra* de agua es la que produce un palito que pare. También lo confirmamos en las raíces del palito antes de sembrarlo. Imagínate todo el esfuerzo para subir un palo de papaya, el abono, el desyerbe y a la hora de la verdad, te sale macho. ¿Qué vas a hacer? Pues no puedes hacer nada, cortarlo y para la composta, pasar el mal rato, asumir la pérdida y volver a comenzar de cero. Aunque muchas veces, cuando lo cortas, salen tres renuevos y produce algo de fruto. Pero nosotros los descartamos y los reemplazamos lo antes posible. Y así sucesivamente, es una inter-dependencia de la cual se vale nuestra vida y nuestro bienestar. Es lo mismo cuando compramos pollitos para la granja. Confiamos en comprar unas pollitas ponedoras, pero la confianza depende en que el que las clasifica sabe identificar bien las plumas. Si se equivoca, terminas con un fracatán de gallos que ni ponen huevos ni dan los mejores caldos. Por eso aprendemos a confiar en nuestros *compaisas*, porque cada cual tiene bien claro cómo son las cosas y lo que nos estamos jugando si no cumplimos con lo que nos corresponde. Pelo de bigote o una palabra empeñada vale más que un contrato firmado ante un abogado. Por acá los abogados son buenos solo para las escrituras y cuando se hacen. Igual una estaca marca nuestras propiedades y son pocas las veces que hay que preocuparse por problemas de colindancia.

-¡Vámonos Don Ricardo!- llaman desde afuera de la casa.

Es uno de los peones que llama para comenzar la

jornada de trabajo. Con canastas en manos se aprestan a recoger los últimos granos de café, asistidos por largas sogas para no caer jalda abajo.

-Voy saliendo Don Lelo, allí voy.- responde Ricardo.

* * *

Para cuando Ricardo sale, he disfrutado de mi rico *cafeíto*, aún sin salir del cuarto. No siempre me traen una tacita de café como hoy, esto hay que disfrutarlo al máximo. Debe estar muy contento por ser el último día de la cosecha cafetalera. Por lo general, soy yo quien se levanta a colarlo, pero anoche no pude dormir bien y me he quedado más tiempo de lo usual *tirá* en la cama. Ahora me siento mejor. La luz del día me llena de alegría y me llena los costales de henchidos deseos de trabajar. Aunque con el escarceo de las guineas y el cantar de los gallos ya no podría dormir más, aun si quisiera hacerlo. Me hace falta cargar energía con los rayos del sol, como lagarto en la orilla del río.

Hoy quiero preparar el cuarto de Valentina. Gracias a Dios que es una muchacha muy sencilla, eso lo hace más fácil y llevadero. No por eso voy a darle menos atención al detalle que quiero hacerle. Le cortaré unas heliconias y le haré un arreglo natural muy especial.

A ella le fascina la naturaleza de una forma diferente que a su padre y a mí. Somos un gran complemento cuando vamos a pasear juntos. A mí me gustan mucho las hierbas, las plantas medicinales y todo aquello con lo que puedo hacer un buen brebaje. Cáscaras como las de maví o canela y raíces como las de jengibre o la cúrcuma. A Ricardo le fascinan los árboles frutales, los cafetos, las viandas, hacer composta y cosas así de la agricultura y ganadería. A Valentina le gustan las flores y los animales, siendo Coco su favorito, su caballo del alma. ¡A la verdad que tienen una afinidad como pocos, se entienden muy bien! Coco distingue su peso encima de sus lomos y la lleva de un lado a otro sin problema alguno y sin desdenes de voluntad. Los peones dicen que es muy terco y trotón, pero a Valentina le parece manso y placentera su cabalgata. Da la impresión de que Coco la está esperando, sin dudas alguna el disfruta mucho pasear con ella por las colinas de esta bella montaña.

-Voy a buscar unos huevos al gallinero.- pienso en alta voz.

Al salir al balcón veo mi vieja mecedora. La echo a un lado, parece que Ricardo se sentó en ella un rato mientras se tomó su café. Hoy la veo y no produce ninguna emoción en mí. A la luz del día carece de poderes y no puede acelerar mis pensamientos ni mis emociones. El magneto está *apagao*. Pareciera que cobrara energía y potencia solamente en la noche. Creo que los rayos cósmicos de las estrellas le dan la capacidad de desbandar mis entrañas cuando me siento en ella al anochecer. Tonta yo, que sabiéndolo, espero cada noche para irme a meter en la boca del leviatán. Debo ser masoquista, porque con engramparla a la basura bastaría. Pero si la boto; ¿se tornarían aburridas mis noches, terminarían mis inquietudes, dejaría de pensar profundamente, me tendría que acostar con las gallinas, olvidaría a Tata, sería una cobarde y me daría por vencida? ¿Y si de pronto duermo como un angelito, qué uso tendrían mis teces nocturnos? ¿Perdería la satisfacción de comenzar un nuevo reto cada día? Hay no, a perro viejo no se le enseña truco nuevo. Mejor ni pensarlo, quizás salgo de Guatemala para meterme en *Guatapeor*. Mejor dejar las cosas tal como están, no vaya a ser que a este perro le salgan más pulgas.

Por lo pronto, de día no la uso, pues me mantengo muy ocupada en mis quehaceres cotidianos.

Paso de largo camino al gallinero y veo a Don Pepe trabajando en Coco.

-Buenos días señora.- me dice.

Don Pepe está bañando a Coco para luego herrarlo y tenerlo listo para cuando la niña llegue a casa en unos días. Esas herraduras llevan tiempo puestas y hay que limar esas pezuñas. Los clavos las están rajando y si no se cambian se le van a caer de todas formas y las pezuñas se van a lastimar. Su color castaño oscuro lo hace ver con destellos rojos de filo al sol. Sus cuatro patas tienen una banda blanca por naturaleza y su crin cortada lo hace ver majestuoso. En su nalga izquierda tiene otra mancha blanca. Es un caballo muy alto, el peón apenas le llega a sus lomos.

-Buenos días Don Pepe.- le contesto el saludo sin detenerme en mi camino al gallinero- Disculpe que vaya de prisa, es que Ricardo vendrá en breve por su desayuno y no quiero hacerle esperar.

Una vez en el gallinero, puedo sentir una sensación de alegría en mi corazón. Miro a los cajones alrededor y disfruto mucho el ver a las gallinas con sus polluelos y a cada gallo con su propio harén. Es gracioso ver cómo un gallo se siente dueño y señor de sus concubinas y andan en grupo como si fueran una ganga. Cada gallo anda con sus diez gallinitas más o menos, siempre las mismas y siempre en su grupo y espacio. Observo los ponederos y recojo los huevos que han puesto las gallinas hoy. Deben ser unos cuarenta huevos más o menos. Uso los del desayuno y vendo los demás a los vecinos que necesiten.

No puedo irme sin pensar en lo contentas que se deben sentir estas gallinitas junto a sus crías, aunque no todas las dejamos empollar. Solo algunas para poder mantener gallinas jóvenes en plena producción. Me hacen sentir una sensación de llenura al verlas, la misma que siento cuando tengo a Valentina a mi lado. Si alguien quiere ser una buena madre, lo que tiene que hacer es ver como los animales tratan a sus crías. ¡Una gallina *echá* es un buen ejemplo! Si tratas de acercarte, no lo dudes que te va a tirar. Se ocupa constantemente de sus huevos, los calienta, los rota, cuida sus polluelos cuando nacen, los acompaña a comer, los protege de los depredadores, los cobija bajo sus alas y nunca los deja solos. ¿Acaso no son grandes cualidades que toda madre debe tener? Una perrita o una yegua jamás pensarían en abortar intencionalmente a una criatura de su vientre. ¡Eso es inconcebible en la naturaleza! Y pensar que hay quien por cualquier cosita asesinan a inocentes e indefensas criaturas, que lo único que quieren es ver el rostro de sus mamitas al nacer. La verdad que no comprendo, pero así es el ser humano. Supuestamente el tope de la cadena alimenticia, pero nos tiramos unas maromas que ni los monos se atreven a hacer.

Valentina tenía asignado el gallinero cuando vivía con nosotros. A ella le fascina atender a todos esos animales. Un día le regalamos una pareja de patitos. Era locura con ellos y le encantaba su color amarillo. Fueron amarillos mientras eran pequeños, ya de grandes se fueron tornando blanco con negro y algunos rastros grisáceos.

-Mamá, mamá, la pata ha puesto huevos y los está empollando.- me dijo muy emocionada.

-¿No es acaso lo que estábamos esperando?- le contesté.

-Sí, sí, pero ese no es el punto mamá, es que una de las

gallinas se ha echado en el nido como si fueran suyos los huevos y no quiere salirse.

-Pues déjala allí a ver qué pasa.- le dije luego que me reí viendo ese escenario. ¡Ya se cansará y se saldrá del nido!

Al paso de las semanas los patitos nacieron y era preciso ver como la pata, la gallina y los patitos se paseaban por el gallinero. Nos sorprendió mucho, porque hubiésemos esperado que el reloj interno de la gallina la hubiese hecho desistir. Sí, la gallina incuba entre 18 y 21 días por lo general, las patas lo hacen por 28 días más o menos. Persistió en el nido y a la verdad que no había forma de sacar a la gallina del lado de los patitos. Ella pensaba que eran sus polluelos y fielmente estaba con ellos noche y día. Los patitos iban creciendo y no sabíamos qué hacer con ese triunvirato. De pronto se nos ocurrió hacer una charca en cemento en una orilla del corral. Santo remedio, mamá pata y los patitos se lanzaron al agua a disfrutar de un rico baño y mamá gallina daba vueltas y vueltas alrededor sin poder descifrar que hacer. Valentina y yo reíamos viendo su terrible ansiedad.

-¡Mamá, mírala que va a saltar al agua!-me dijo

emocionada.

-No creo hija, las gallinas ni nadan ni les gusta el agua- respondí riéndome.

Para ese entonces la gallina había saltado al borde de la charca y se sostuvo allí un rato mirando lo que estaba pasando. Creo que entendió que no eran sus polluelos en el momento que se vio obligada a saltar hacia afuera en vez de hacia el agua, donde estaban todos en familia disfrutando de un rico chapuzón. Al fin y al cabo, el amor y el interés fueron al campo un día y pudo más el interés que el amor que le tenía.

-Creía que saltaría al agua mamá.- me dijo aún muy emocionada.

Era preciso ver la cara de entusiasmo de Valentina y como se disfrutaba estos lindos momentos. Entonces la gallinita retornó a su harén y no molestó más a la pata ni a sus patitos. Los peones y Ricardo gozaron mucho cuando le hicimos el cuento. ¡Había que verlo para creerlo!

Pasaron muchas cosas graciosas con Valentina y sus animales. Recuerdo otra ocasión cuando teníamos una perrita recién parida y llegó un gatito huérfano a la casa. Un día junto a los tres perritos vimos algo que no pertenecía allí. Para sorpresa nuestra, el gatito estaba lactando con los perritos y a Susie para nada que le molestaba.

-Mamá, ¿puedes creer lo que estamos viendo? ¿Cómo es posible que Susie esté lactando a un gatito? Pareciera que pensara como nosotras. – dijo Valentina con mirada de sorpresa e incredulidad.

-Definitivamente lo ha adoptado para que el pobrecito no se muera de hambre. Sabrá Dios desde cuando esto esté pasando, pues hace dos días que no revisaba a Susie.- añadió.

-No creo que lleve más de un día hija, pues anoche pasé a *chequear* y ese gatito no estaba aquí.- le respondí con más sorpresa de la que ella presentaba.

El gatito sobrevivió gracias a esa adopción desinteresada de Susie. Luego, al crecer, parece que se enamoró y se fue con alguna gata de la calle. Son cosas que no estamos acostumbrados a ver y sin lugar a duda nos sorprenden mucho cuando suceden. Quedan grabadas como *lp's* de Felipe Rodríguez en la radiola de nuestros recuerdos, jamás lo olvidaremos.

Todas las señales parecieran indicar que Valentina estudiaría para ser veterinaria. Cada vez que una yegua iba a parir, ella estaba allí con Ricardo y algún peón, no importando la hora de la noche o de la madrugada, ni cuánto tiempo tardara el proceso de parto. Hacía lo mismo con las vacas o cualquier otro animal.

Tiene una mula preciosa de largas orejas y cuerpo vigoroso. Tanto estuvo hasta que su amigo Leonardo le prestó a su burro llamado Topo para casarlo con nuestra mejor yegua de andadura. Topo era un grandioso burro, de hermoso color negro azabache y de altura impresionante. Nunca habíamos visto a un burro tan alto y robusto. Siempre pensé que los burros eran bajitos y trotones, pero este era diferente. Topo era un animal único en su especie. Sus patas eran como enormes socos para levantar tremenda casa. ¡Y pensar que un burro tirara un paso tan exquisito como ese! De allí nace Luna, una grandiosa mula, alta, robusta, fuerte y de placentera andadura. Valentina ha disfrutado mucho a esa mula también. Hace unos años que le hicieron una oferta a Leonardo que no pudo rechazar. Vendió a Topo y sabrá Dios a donde fue a parar. Que yo sepa, en estos lares no queda mucha herencia de ese precioso burro, salvo Luna y unas pocas mulas por allí. De todas, ninguna tan bella y tan alta como Luna. Es que se supo escoger a una gran yegua de paso para cruzarla con Topo, pero allí queda la línea. Luna, como toda mula, es estéril y no podrá haber más descendencia de esta línea. Claro que Topo dejó par de burros por allí, pero ninguno tan alto y robusto como él, pues las burras que había disponible no tenían tal constitución. Y por alguna razón, tampoco engendró burros negros como él. ¡Es curioso cómo pasan estas cosas en la naturaleza! Hasta entonces no sabía que se casaba un burro con una yegua para tener mulas y que éstas son estériles. ¡Y pensar que mi hija me ha enseñado tanto de estas cosas! De allí el refrán, *éramos muchos y parió la mula,* significando el colmo de los colmos.

-Mamá, tienes que ver el precioso potrito que parió Perla. Yo ayudé a papá a limpiar el establo y a mantenerla tranquila en el proceso. Papá me dijo que había que limpiar para que no vinieran las hormigas o los roedores ni las bacterias. ¡Tan lindo! Y lo rápido que se puso de pie al nacer. Nacen *enseñaos*, es una cosa tremenda.- decía entusiasmada.

A mí no me gusta mucho bregar con animales. Aunque sea un proceso muy lindo, no disfruto mucho atenderlos. Me basta con los partos de las muchachas, son una maravilla, son procesos preciosos, llenos de energía y mucha emoción. Otras dirían que están llenos de dolor y sufrimiento, de preocupación e incertidumbre, como pensaba yo misma en mis primeros partos como asistente de Doña Rafaela.

Las cosas se ven de acuerdo al cristal con el que las miramos. Con los años he aprendido a ver el vaso medio lleno, a diferencia de quien lo ve medio vacío. ¡En el optimismo voy a mí! Creo que si Mahoma no va a la montaña, la montaña tiene que ir a Mahoma. Aprendí que la mente siempre juega un rol muy importante y poderoso en nuestras vidas. Una vez conocí a un veterano que me decía: *Lina, la mente es más fuerte que el corazón.* A principios dudaba de ese *moto*, según él, que le habían enseñado en las filas de la milicia. Prefiero decirlo de otra manera, a mi forma; pensar en que mi mente es el pequeño motor que puede mover a una enorme locomotora. Así crie a Valentina, le enseñé a comerse los vientos y a usar las ráfagas de palillos de dientes. Sí, claro, no hay por qué amilanarse ante las circunstancias de la vida. ¡Cuidado que hemos padecido muchas situaciones, tantas desavenencias y frustraciones! Hemos llorado cuando hemos tenido que llorar, pero en ese entonces nada más. La vida no es para vivirla enlutados; no, no, no. La vida es para gozarla en bienestar y junto a nuestros seres queridos mientras se puede. La ambición está destruyendo muchas familias en estas serranías. A veces pasan cosas que no se veían antes, se pelean a muerte por las colindancias de un barbecho o de una tala. ¡Qué desgracia!

Otros, en busca de satisfacer su ambición por el progreso y sus apetitos por el dinero, se van a las ciudades y hasta se embarcan disque en busca de cumplir sus sueños. Bla, bla, bla. Pasan toda una vida corriendo la felicidad cuesta arriba y cuesta abajo y nunca logran alcanzarla. ¡Jamás la alcanzarían de todos modos! Son como gato cuando se le amarra el cascabel al rabo. Corre dando vueltas y saltos tratando de alcanzarlo, para luego exhausto rendirse ante la realidad de que el cascabel solo puedes alcanzarlo al dejar de perseguirlo. Para cuando se rinde y se da cuenta de ese secreto, no tiene ni fuerzas ni ánimo de disfrutar esa felicidad que creía que iba a alcanzar en tan extenuante persecución. Aprendí que es más fácil encontrar las cosas cuando no las estoy buscando. Que cuando las busco y no las encuentro, es porque las busco donde no están. Desde muy niña aprendí a disfrutar cada detalle de la vida, de los pequeños y de los grandes, de las alturas y de las profundidades, de lo agrio y de lo dulce, de la abundancia y de la escasez, de la luz como de la oscuridad, del frio como del calor, entre tantas cosas. Tata era el ser más optimista que jamás haya conocido. De limones hacia limonada y nunca la vi bebiendo sus propias lágrimas. De ella aprendí este gran secreto de la vida. Secreto que vale menos dinero que el aire que respiro, pero que hace más ricos que los millones de *wol strít*. Si los ricos aprendieran estos pequeños secretos de la vida, no habría tantos suicidios de magnates famosos.

Gran verdad inherente de nuestra naturaleza, nuestra felicidad no puede depender de las circunstancias de la vida. De ser así, nunca seríamos felices. Aun cuando tengamos mucho en abundancia, nos debiera causar tristeza el ver la necesidad de aquellos que la padecen a nuestro alrededor. Los ricos apuntan su felicidad a sus abundantes *pecunios* y al amasamiento de grandes fortunas, pero luego de experimentarlo todo, se dan cuenta que no encuentran sino placeres pasajeros que necesitan reemplazar continuamente. ¡Pobre de ellos que lo único que tienen es dinero! Yo puedo respirar alegría a través de las esporas de mis helechos, escuchar melodías de la sinfonía de Munich en los zumbidos de las abejas en las flores de mis valerianas. Lo pequeño es grande en mi vida, ¿y qué de las experiencias masivas y dolorosas? Esas las dejo a un lado y no les prestó más valor de lo que merecen. No soy psicóloga ni filósofa, ni cosa similar. De hecho, también tengo profundos vacíos que no he podido llenar. Muchas veces me siento sola aun cuando estoy acompañada, otras veces he reído mucho mientras en mí ha habido profunda tristeza. En tales casos, siempre he usado el arsenal de mi hortaliza y he puesto a dormir esos sentimientos en los lagares de las *pociones* de mis yerbas. Sin duda alguna, debe haber alguna solución a estas necesidades, no sé si en esta vida o en la venidera. Ojalá pueda descifrarlo antes de bajar al abismo de la muerte, para poder compartirlo a tiempo con mi hija y con los retoños que de ella puedan nacer.

Eso sí, evito con todo el alma predicar la moral en calzoncillos, Dios me libre. Si algo no me ha servido de provecho, jamás lo profesaré como beneficioso para nadie más. Esos que visten con sotanas, aquellos que se ponen un hábito y se creen monjes, en esos no creo ni confío. Todo lo contrario, los confronto. ¡No saben que la mona aunque se vista de seda, mona se queda! Podrán engañar a otras personas, pero a mí no. Hablan de muchas cosas bonitas que no viven, predican verdades en las que no creen y ponen cargas en los demás, que ellos no están dispuestos a aguantar.

En fin, esos partos de animales, con moscas y pacas de heno, esos momentos donde la madre se come las placentas para reponer las proteínas perdidas en el parto, eso siempre se lo he dejado a Valentina y a Ricardo. ¡El zapatero a sus zapatos! Mi trabajo son los partos limpios, sépticos y mesurados. ¡Cada cual a lo suyo! No hace buen queso el que trabaja con masa. Con eso tengo, aunque ahora debo ayudar un poco con los corrales de las gallinas. Esto no me preocupa mucho, pues las gallinas no paren. Más de una vez he disfrutado ver como un polluelo va rompiendo el cascarón para salir y siento una sensación de regocijo al oírlo piar. Pero eso es muy diferente a las pariciones de las vacas, las cabras o las yeguas que tenemos. Inclusive, de vez en cuando he ayudado a los polluelos a romper el cascarón. Siempre me preocupa que no lo puedan romper y se vayan a morir. Les tiendo la mano, aunque sea un acto egoísta de mi parte, porque de seguro que no necesitan de mi ayuda en lo absoluto. Sé que lo hago por mí, aunque en esto, ellos salgan beneficiados de igual manera.

* * *

De regreso a la cocina, enciendo la estufa y hecho unos huevos batidos al sartén. No hago mucho, con cuatro huevos del país desayunamos muy bien Ricardo y yo. Los peones traen sus fiambreras con sus comidas favoritas, si es que se puede llamar favorito a lo simple que esta vida les permite tener. No desayuno los famosos *funches* que me hacía Tata años atrás, ahora soy amante del revoltillo, las tostadas, la *farina* o una buena avena caliente. Comemos de todo, pero el *funche* lo dejo en el recuerdo de Tata, esa era su especialidad. No que no me guste comerlo, es que hacerlo me la recuerda y es mejor no atraer la tristeza de su ausencia.

Me siento feliz, llena de energía y puedo disfrutar de lo

hermoso del día.

-Ojalá fuera de día todo el día.- le digo a Ricardo mientras me acerco un poco de revoltillo a la boca.

Me mira con sus cejas apretadas, halando su cuello hacia atrás y responde:

-¿Qué dices mujer? Ni modo, todo el día será de día.

Estoy pensando de otra manera, cosas que él no entendería y es mejor recoger velas. Ahora tendré que lidiar con el pensamiento que se me acaba de escapar por la boca.

-Me refiero a que sería mejor si no existiese la noche, que el sol nunca se pusiera y no llegase la oscuridad.- le digo con la mayor naturalidad que pueda fingir.

-Tú como que estás un poco filosófica esta mañana. La noche tiene sus encantos al igual que el día, solo hay que saber apreciarlos. Si quieres vivir noches con sol, debes irte a Alaska en esos meses que el sol no se oculta.

Le sonrío vagamente y me voy en un pensamiento. Reacciono y cambiando el tema le pregunto:

-¿Cómo va el recogido del café hoy?

-Creo que terminaremos de recoger lo que falta antes del mediodía. Es que como ha llovido, esa jalda esta resbalosa y hay que tener *cuidao* de no reventarse jalda abajo. Siempre se va a perder algo de la cosecha, pero es mejor que se pierda, a tener que pagar salario por unos pocos granos de café o que se vaya a lastimar alguno de los peones.

* * *

Nuestra casa es una casona antigua, al estilo español. Está montada sobre socos que no son muy altos, como tres pies del piso para evitar riesgos de alguna inundación. Las maderas son rústicas, pero bien conservadas. Tenemos tela metálica para los mosquitos en una parte del balcón, donde paso mis ratitos sentada en mi silla mecedora. Por debajo de la casa, Ricardo se las ingenió para hacer unas bandejas enormes que utiliza para poner a tostar el café. Le hizo unas guías por donde pasan unas ruedas de acero que tiene en ambos extremos. En la mañana se halan hacia afuera para que les dé el sol a los granos. En el atardecer o en días de lluvia, se empujan debajo de la casa y así no hay que preocuparse porque el grano se moje y se eche a perder. Es tremendo este sistema y los vecinos lo están utilizando también. No hay que hacer tantísimo esfuerzo para mover las bandejas, siempre que los angulares por donde corren las ruedas se mantengan limpios. Entre dos personas los podemos manejar cómodamente.

Recuerdo que mi abuelito Goyo usaba esta parte de abajo de la casa como corral de gallinas. Tenía cercado alrededor de la casa y dejó un espacio que daba acceso a un corral abierto en la parte de atrás. Allí tenía unas latas de galletas cuadradas en línea, las mantenía con paja limpia y sus fieles gallinas siempre ponían los huevos allí. Parte del día ellas la pasaban en el corral abierto y el resto rasguñando el piso aquí y allá debajo de la casa, buscando alguna lombriz o algún insecto que comer. Recuerdo buscar coître o bejuco de puerco en muchas ocasiones para complementar la alimentación de ellas. A esas gallinas les encantaba cuando hacíamos arroz con dulce o cualquier cosa con coco. Luego de sacarle la leche al coco, le echábamos las *cachispas* y eran capaces de matar por ellas;

ja, ja, ja. ¡Qué tiempos aquellos!

Ahora tenemos un viejo molino en el rancho del lado, el cual usamos para moler el grano. Al lado derecho tenemos una pompa de agua manual que utilizamos para sacar agua de un pozo que está hincado en nuestro jardín. No me gusta usarla mucho, pero me mantiene fuerte y en buena condición física. Afortunadamente la finca nos produce bien, aunque no siempre ha sido así. Hemos pasado años difíciles y de grandes presiones financieras. La experiencia nos ha enseñado a ser diligentes y cuidadosos con los recursos que tenemos. Recuerdo que Ricardo y yo pasábamos las noches en vela, tratando de ver como apercibiríamos el dinero necesario para pagar las cuentas cuando algo nos salía mal. ¡Es horrible cuando no encontramos solución a los problemas que nos acosan! El pecho se oprime de tal manera que se siente como si fuese una bomba comprimida a punto de estallar. Total, no sé por qué nos desesperamos tanto, si Dios siempre nos suple para cubrir todos los gastos de la familia. Al paso del tiempo, la madurez adquirida nos enseña a vivir confiados y a descansar aún en medio de la más fiera adversidad. Ricardo me decía: *no te preocupes Lina, no hay mal que por bien no venga, no hay mal que dure cien años ni* cuerpo que lo resista y recuerda que Dios aprieta pero no ahoga.

De allí en adelante le daba vueltas al asunto hasta encontrarle una solución favorecedora, siempre que fuese posible. En una ocasión que estaba muy preocupada me dijo: *lo bueno de estar abajo, es que lo único que podemos hacer es mirar hacia arriba y subir.* Lo decía con esa convicción, con esa serenidad. Para entonces aprendí a ser totalmente optimista y dejé de desesperarme por lo que no puedo solucionar al momento. Si te estás ahogando, con nadar basta. Y nunca en contra de la corriente, nada a favor de ella y aparecerá un huequito por donde zafarte más adelante.

Gracias a Dios que en estos años los ingresos son suficientes para vivir cómodos y aportar para la educación de Valentina. ¡Valentina la doctora, *wow*! Jamás imaginé que tendría una hija doctora. ¡Veterinaria sí, pero doctora no! A ella le va muy bien, le gusta lo que hace y está por terminar su preparación. El trabajo sacrificado de la finca le ha enseñado que nada viene fácil y que tiene que esforzarse. Que hay que batir leche para poder sacar mantequilla, que si no bates bien los huevos no puedes hacer mayonesa.

Me hubiera gustado darle un hermanito, pero después de su parto, el médico nos dijo que tendrían que sacarme la matriz para evitar riesgos mayores con una masa que se había encontrado. ¡Gracias a Dios que ya no estamos tan atrás en los servicios médicos! Por lo menos ha mejorado nuestro acceso a la medicina básica, aunque seguimos atendiendo muchos partos por estos lares. Allá en el pueblo tenemos un nuevo centro de diagnóstico y tratamiento que nos ha venido como anillo al dedo.

Mi embarazo fue de alto riesgo y no tenía partera preparada para poderme asistir, pues Doña Rafaela murió casi soltándome el batón. Así que tuve que buscar ayuda en el CDT del pueblo. ¡A la verdad que esa barriga dio problemas serios! Para colmo de los colmos, tenía una masa que había que extirpar antes de que se pusiera peor la cosa. Gracias a Dios no he tenido más problemas de salud desde entonces. Por lo menos me siento bien físicamente, espero que no se esté *coajando* alguna de esas enfermedades sigilosas dentro de mí. *Hui...chú.* ¡Ni pensarlo!

***

Ha terminado la colecta de café de esta temporada y Valentina viene mañana. Ricardo, Lelo y los demás peones están enfrascados en el desyerbe y todo sigue como de costumbre. Saber qué voy a ver a mi niña mañana, me llena de profunda alegría y felicidad. Mi corazón ha estado de buen ánimo en estos días. Aún en las noches mis pensamientos no han podido alcanzarme. Al atardecer me he preparado un té de jengibre con leche, un poco de miel y un toque de canela. ¡Me relaja y me hace sentir bien! Además Ricardo ya no llega tan cansando y no se ha acostado tan temprano como los días de cosecha, que hay que aprovechar al máximo porque la comida del pobre le llega toda de cantazo. Ahora podemos sentarnos a conversar más a menudo. A él le gusta leer, a mí me gusta meditar. Aprovecho a meditar mientras tejo o hago alguna cosita por allí.

Don Pepe herró a Coco y lo tiene listo para la niña. Digo niña, aunque ya no lo es. Es toda una señorita, hecha y derecha. Pero para nosotros siempre será nuestra pequeña niña. Me dijo que corre en la pista de la universidad dos veces por semana y se mantiene en buena condición física. El tiempo se le va en tomar clases, estudiar y hacer su práctica. Me sospecho que está enamorada, a pesar que no me ha comentado nada todavía. Cuando tengamos un rato le voy a preguntar para ver qué verdades le saco. Sé que tengo que respetar su espacio porque es mayor de edad y es muy recelosa de él. Ha mostrado ser muy responsable con su vida, pero madre es madre al fin, aunque pase toda una vida.

Dado por terminado los preparativos para la llegada de mi niña, puedo sentarme a descansar. Me siento bien entusiasmada con su regreso. Hace tiempito que no la veo. Estuviera menos tranquila si Valentina no viviera en casa de Patricia y Roberto. A Roberto le gusta la zona metropolitana y creo que se ha olvidado de lo lindo que es vivir acá. Mientras fue creciendo fueron cambiando sus intereses. Aunque si no fuera por Tata, creo que yo también hubiese buscado para la ciudad. Gracias a Dios que conocí a Ricardo y le fascina labrar la tierra y consumir lo que sus manos siembran. Por eso disfrutamos de esta herencia y le sacamos el mejor de los provechos. Y como dicen por allí, más vale pájaro en mano que ciento volando. Al fin y al cabo, el que siembra cosecha.

* * *

Para cuando conocí a Ricardo en su último año de escuela superior, los padres de Roberto se habían mudado a la zona metro. Fue entonces que tuve tiempo libre para darme cuenta de los muchachos que estaban a mi lado. Nunca me interesó estar mirando mocosos que no hacían las cosas que a mí me gustaba hacer. Con Roberto corría el mundo y me sentía muy feliz, plena. Siempre tuvimos una amistad genuina, donde no necesitábamos de nada ni de nadie para disfrutar las cosas simples de la vida y la belleza de la naturaleza en todo su esplendor. Muchas veces nos confundieron por novios, tal vez por eso los muchachos de mi edad no se acercaban a mí y porque siempre andaba apestosa y *esgreñá*; ji, ji, ji. Tal vez por eso Ricardo nunca me había confesado que se sentía atraído hacia mí desde que estábamos en octavo grado. Para ese entonces sus padres se mudaron de Barranquitas a esta montaña para hacerse cargo de la finca herencia de sus padres. Ellos todavía viven y labran su heredad con la misma pasión que hace treinta años atrás, aunque no con las mismas fuerzas por supuesto. ¡Son admirables esos viejitos!

Pues con Roberto pasaba casi todo mi tiempo libre. Corríamos hasta el infinito y de regreso. Un día, después de un aguacero, salió un bello arco iris. Daba la impresión de que el precioso arco tenía su comienzo muy cerca de nosotros.

-Corre Lina, vamos a ver dónde comienza el arco iris.- me dijo.

Inmediatamente y sin pensarlo dos veces, embalamos a correr colina arriba en dirección al comienzo del colorido arco.

-Vamos, dicen que si encuentras el comienzo del arco iris encontrarás una olla de oro, vamos a hacernos ricos Roberto.

A la verdad que corríamos muy emocionados. Entre mirar al cielo y mirar al suelo para no tropezarnos, corrimos por largos minutos. Las gotas de sudor caían como gotera de lluvia y nuestra respiración se podía escuchar hasta el infinito. No importaba la fatiga o el cansancio, cuando corríamos no nos deteníamos hasta estar totalmente exhaustos. ¡Qué fuerza en esos tiempos, que ánimo! Es increíble, el ánimo es un motor que nos impulsa a hacer todas esas cosas que las fuerzas nos limitan. Cuando tenemos ánimo somos capaces de voltear el mundo patas arriba y volverlo a enderezar, pero cuando carecemos de él, todas las tareas nos son un fastidio y requieren un gran sacrificio para poderlas realizar.

-Roberto, es imposible, no hay forma de saber dónde comienza, está mucho más lejos de lo que parece, vamos a descansar para regresarnos.- le dije mientras me dejé caer en el pasto con la lengua por fuera.

-¿Te imaginas si pudiéramos tocarlo? ¿Cómo sería si logramos poner nuestra mano entre los colores tan bellos del arcoíris? A lo mejor cada uña queda pintada de un color distinto.- decía riendo de sus ocurrencias.

-O tal vez cuando nos riamos, nos demos cuenta que cada uno de nuestros dientes tiene un color diferente; ji, ji, ji.- le contesté.

Así pasábamos el tiempo entre bromas y risas que nos hacían disfrutar de nuestra inocente adolescencia.

La mente, un mundo de sueños y realidades de mí pasado. Muchas veces, mientras me concentraba en algo, me sentía elevada por encima de la circunstancias. Siempre le decía a Roberto que si podía imaginar algo, podría hacerlo realidad. Nunca vas a lograr algo sin antes elevarlo al pensamiento. ¡El pensamiento es la fábrica de todas las acciones!

Fueron todos estos momentos los que formaron una amistad inquebrantable. Una de esas amistades que no se pueden conseguir aún si la buscase toda una vida. Solo nacen entre dos seres afines, dos personas con una química especial y un destino en común. Nunca he tenido amistad similar con nadie, ni tampoco él, según me ha dicho. Una amistad tan profunda no puede comprarse, tampoco la puedes planificar. Ella va surgiendo por si misma de las entrañas de la espontaneidad. En muchas ocasiones nos descubrimos pensando en lo mismo al mismo tiempo. Éramos como uno solo, un mismo destino, una misma voluntad. ¡Qué días aquellos, donde la libertad era palpable y no había preocupación alguna en nuestras vidas!

¡Cuánta falta nos hacemos el uno al otro, todavía está ese espacio que solamente nosotros podemos llenar mutuamente! Es un grandioso amigo que amaba y amo como al hermano que nunca tuve. Cuida a mi niña como a su propia hija y goza de la confianza de Ricardo también. Ella es locura con su padrino, con Patricia y con sus hijas. Mi esposo Ricardo y mi mejor amigo Roberto son grandes amigos entre sí, gran dicha la mía. Al tener gustos distintos, sus conversaciones se tornan muy interesantes y la pasamos de maravilla.

Este año no puede venir a traer a Valentina por compromisos de trabajo que le surgieron justo en los días que tenía planificado para visitarnos, pero lo mejor que Dios hizo fue un día detrás del otro. En la ciudad se dedicó al negocio de ventas y poco a poco fue formando un buen capital, el cual usó para establecer su propio negocio de venta de artículos del hogar. Paréceme que corrió hacia el éxito tan veloz y decidido como cuando corría para que aquellos gansos no lo alcanzasen. Todavía recordamos de vez en cuando todas esas experiencias, especialmente con las muchachas para que no se pierdan esos elementos maravillosos de nuestra historia. Cuando puede venir por aquí a traer a Valentina, Ricardo y él pasan horas dialogando de cuanto tema existe. Ya no es aquel flacucho de antes, ahora tiene una barriga que aunque quisiera no podría correr una vuelta a la casa. Yo tampoco, los años no pasan en vano.

La ciudad, las comodidades y la cerveza lo tienen así. Le he dicho muchas veces que cuide su salud, pero siempre dice que de algo tiene que morir. ¡Aunque para ser honesta, tampoco yo podría echar una de esas carreritas sin que se me quiera salir el corazón por la boca!

Fue cuando Roberto se mudó, que Ricardo se atrevió a hablarme y acompañarme de regreso a casa. Con él no pasábamos por el camino de los gansos, él les tenía repelillo. ¡Era medio cobarde el nene! Nos íbamos entonces por la otra ruta más segura. Sin darme cuenta se fue domesticando esa salvaje que vivía en mí, hasta que al paso del tiempo me convertí en una joven un poco más refinada. Tengo que admitir que la influencia de Ricardo tuvo mucho que ver en ese asunto. Antes de compartir con él no me preocupaba tener las greñas sueltas, ensuciarme la ropa, andar *sudá* o apestosa a mangle. Me divertía a cuenta de lo que fuera. Nada me importaba mi apariencia, me sentía feliz por dentro y eso valía todo para mí. Tata siempre me regañaba y me obligaba a tener más cuidado de mi misma, pero mi naturaleza era más salvaje y menos delicada. Ella terminó resignándose y dejándome ser un espíritu libre, en ese sentido. Hasta que Roberto se fue, no había notado lo atractivo que era Ricardo y lo *tirá* que yo andaba. Entonces el espejo empezaba a hablarme cada vez más fuerte y me vi en la obligación de prestarle atención a las duras palabras que hablaba a través de la vergonzosa imagen reflejada. No tenía excusa alguna para ser tan desatenta y no atender mi apariencia como merecía, tenía que hacer correcciones urgentemente, que para luego sería tarde. ¡Mira que te quedas a pie si no estás en la parada cuando pase la guagua!

De repente Ricardo captó mi atención y me gustaba mucho. Me sonrojaba cuando me hablaba, aunque antes no me había interesado mucho. Entonces comencé a sentirme diferente. Me sentía avergonzada cuando tenía el pelo enredado o cuando sudaba. Le prestaba más esmero a la ropa, las manchas, las arrugas, los detalles. Las cosas que nunca me habían ocupado un espacio en la mente, ahora comenzaban a fastidiarme. Era como si hubiese advenido en conciencia de una nueva forma de vivir que me llevaba obligada la voluntad hacia la delicadeza y la feminidad. Estaba en un proceso de renacimiento, a la vieja oruga le llegaba la metamorfosis, era tiempo de volar como hermosa mariposa de bello colores y ser contemplada por aquellos hermosos ojos que me tenían enamorada. Hasta que no quise trepar más árboles o correr desenfrenadamente por no sudar o ensuciarme. Había crecido, estaba madurando y junto con ello estaba dejando atrás las cosas de niña y muchas cosas que fueron la máxima felicidad de mi vida. La niñez se iba y con la juventud venían las preocupaciones y las responsabilidades a las que no estaba acostumbrada. Nada me ha hecho más feliz que la libertad que sentía en mi niñez, corriendo junto a mi gran amigo Roberto, pero había llegado el tiempo de madurar y tendría que hacerlo rápidamente porque se me había hecho tarde.

Gran parte de nuestras primeras pláticas eran sobre Roberto y yo. No sé si le mortificaba, pero con tal de estar conmigo el hablaría hasta de Aristóteles. Fue él quien me dijo que para muchas personas Roberto y yo nos gustábamos y éramos novios. Y como él era dos años mayor y más fuerte que todos, lo respetaban y nadie se atrevía a acercarse a mí.

-Si supieras que nunca jamás nos vimos como otra cosa, sino como buenos hermanos. Él es el hermano que siempre deseé tener.

Apretó su ceño y dijo:

-¿De verdad? Qué raro, ustedes siempre juntos, siempre riendo y pasándola bien y ¿nunca se enamoraron?

-Claro que no chico, solo era, es y siempre será mi mejor amigo. Desde pequeños congeniamos y se formó nuestra inquebrantable amistad.

Creo que al principio Ricardo dudaba un poco de mis palabras y es normal, era de esperarse. Pero bastó compartir con Roberto unos días que vino a visitarme, para darse cuenta del maravilloso ser humano que es. Desde entonces gozan de una linda amistad también. Tanto así, que al nacer Valentina fue Ricardo quien le pidió a Roberto que fuera su compadre. Por supuesto que yo no hubiese considerado a nadie más que a él.

Roberto se casó unos años antes que yo. Se enamoró de una trigueña de buena familia y tuvieron dos hijas maravillosas. Patricia su potranca, como él dice. Sus hijas están casadas, pero viven al lado de su casa. Mi Valentina no se ha casado porque está muy ocupada con sus estudios de medicina. Por eso pienso que está enamorada, porque edad tiene y ya no llama tan seguido como antes. Soy mujer y sé que sus intereses han ido cambiando mucho este último año. De hecho, no me sorprendería que me traiga alguna noticia en persona sobre ese asuntito.

Valentina es muy bonita, es alta y de tez color canela. Sus ojazos de india hablan sin palabras y dicen que embruja con su hermosa sonrisa. Sus curvas marean a los interesados y su aroma es más atractivo que el polen a las abejas. Por lo menos esos son algunos de los cumplidos que he alcanzado a oír por allí. Le he conocido más de una docena de pretendientes, pero ella es determinada y decidió no enamorarse hasta terminar sus estudios. Sinceramente dudo que no se hubiese enamorado si hubiese conocido a su alma gemela. En estos asuntos del amor, la conciencia es una mera espectadora. Dicen que donde manda el corazón, sobran las razones, pues donde manda capitán, no manda marinero. ¡Si no le ha llegado, pronto le llegará, porque *patá* que está pal perro, tarde que temprano le llega y a cada lechón le llega su nochebuena! Y si de casualidad ya le llegó y no me he enterado todavía, pues ahí sí que no hay santo que la detenga. ¡Palo fino no hace cabo de picota! Por aquí hay muchos perros soñando con longaniza, pero de esa carne ni el hueso, porque Valentina es muy esforzada y exigente con ella misma y mucho más con quien la ande pretendiendo.

A mí no se me hizo difícil enamorarme de Ricardo. De hecho, ni siquiera lo pensé, solo sucedió paulatinamente. Aunque no trepaba árboles ni corría de los gansos, no brincaba la *quebrá* ni corría al infinito, tenía muchas cualidades maravillosas que me estaban haciendo poner el pie en la trampa y el cuello en la guillotina. En nuestro último año de escuela superior fuimos enamorándonos poco a poco. Bueno, yo poco a poco, él venía *embarrao* hacía tiempo; je, je, je. Modestia aparte, perdón por la *patá* en el pecho y por lo que me toca.

-Quiero que seas mi novia.- me dijo un día de regreso a casa.- Está demás decir que estoy enamorado de ti y quiero compartir el resto de mi vida a tu lado.

De golpe y *sopetazo* sentí escalofríos y un nerviosismo terrible que me hacía sentir mariposas en el estómago. Las palabras no me salían al escuchar la declaración del nene. Estaba más *trancá* que vianda sin aceite y más *tesa* que cuero de timba. De hecho, no sé por qué razón me tomó por sorpresa ese día. Lo que sí sé, es que sentí deseos de salir corriendo hasta desplomarme del cansancio, pero no lo hice. Me contuve y reflexioné. Mi grande preocupación era mi libertad. Tengo que admitir que me puse muy nerviosa y sentía que la temperatura había subido tanto que iba a terminar bañada en mercurio, por lo cual sudaba profusamente. ¡Se había trancado la garganta y no había forma de que pudiera hablar! Estaba como puerta de represa llena de escombros, como zanja *tapá*. ¿Qué pensaría Tata de esto? ¿Qué pensaría mi gran amigo Roberto? ¿Qué debía contestarle, o era mejor no decir nada? ¿Y mi libertad? ¿Y si no resulta? Tantos pensamientos y preguntas me abarrotaban la mente, uno detrás del otro sin parar. Tantas preguntas en fila, como hormigas a hormiguero. Quería decirle que si, quería decirle que no, no quería decirle nada. No me atrevía a contestar y al darse cuenta me dijo:

-No tienes que contestarme ahora, tómate tu tiempo y luego me dices.

Si yo estaba nerviosa, me imagino que él estaba *embarrao*. Pobrecito, cuantas veces habrá pensado romper el hielo y *espepitarme* esa pregunta. No debió ser fácil para él tampoco estar en esa encrucijada. Debió pensar que lo iba a dejar *pegao*, que no iba a llegar ni a primera base conmigo. Imagino que estaba confiado en que le diría que sí, pero al verme retraída y en silencio, debió imaginarse lo peor, que iba a quedar *fusilao*. Entonces, para no escuchar lo peor, en ese momento prefirió decirme que le contestara después. ¡Ufff, qué alivio! Aunque quisiera, las palabras no podían salir de mi boca, estaban atoradas en mi corazón, amarradas como buey al cepo. Esa noche no podía ni dormir. Entonces Tata me hizo uno de sus teces que fueron la inspiración de mi huerto medicinal.

-¿Por qué te abates niña? Tan solo te ha pedido que seas su novia, ¿Cuál es tu dilema? Edad tienes y tarde que temprano tenías que enfrentarlo a él o a otro por allí. Además se te nota que lo quieres. Entonces, ¿cuál es tu angustia *mi'ja*?- me dijo Tata.

-Es que no tengo control sobre las cosas que estoy sintiendo y eso es aterrador. Yo sé que es tiempo de tener un novio y pensar en mi futuro, pero ahora tengo muchas preocupaciones que antes no tenía.

- Ricardo es un gran muchacho. Ha demostrado ser todo un caballero, un buen hijo y un gran trabajador. Viene de buena familia, te ama más de lo que podrías amarle a él y ha esperado con paciencia por ti durante mucho tiempo. Si no estás segura de aceptar, solo tómate tu tiempo y analiza muy bien las cosas. Pero si lo amas y decides aceptar su proposición, sépase que cuentas con mi aprobación y mi apoyo, hijita de mi alma.

Esas palabras fueron más de lo que podía resistir y de un salto caí en los hombros de mi abuelita y abrazándole comencé a llorar profundamente. Los nervios me tenían muy sensible y ya no sabía si lloraba por mi preocupación ante la proposición de Ricardo, o por las hermosas palabras que me había dicho Tata. ¡Es por eso que la extraño tanto!

Hablamos por algún tiempo más y nos retiramos a descansar, un poco más aliviada de las preocupaciones que me confundían en aquel entonces. Por largas horas evalué la famosa propuesta, hasta que convencida decidí aceptar. De todas maneras, si no funcionaba podía empezar de nuevo desde cero en otra relación. Así que pasado el fin de semana, lo volví a ver cuando vino a buscarme para ir a la escuela.

-Sí, sí, sí.- le dije antes de que siquiera tuviera tiempo de saludarme.

Lo que hizo fue sonreír y abrazarme. De allí en adelante en menos de dos años estábamos casados hasta el sol de hoy. Ninguno de los dos estudiamos en la universidad, yo por no dejar a Tata sola y él porque su pasión era la tierra y su labranza. El hecho que no fuéramos a la universidad no significa que somos ignorantes de la vida. Aunque Einstein dijo que todos somos ignorantes, solo que no ignoramos las mismas cosas. También dijo que la única fuente de conocimiento es la experiencia y de esa sí que nos sobra por quintales.

Ricardo se ha dedicado al estudio independiente de la agronomía. Su éxito en la finca se debe a la mezcla de la teoría con la práctica o mejor dicho, la práctica con la teoría. Por muchos años se ha dedicado a leer libros de horticultura, fruticultura, agro-economía, agro-ecología, injertos, insecticidas, fungicidas, fertilizantes biológicos, rumiantes y cosas así. Últimamente se ha concentrado en estudiar las siembras y fertilizantes orgánicos. ¡Realmente le gusta aprender! Cuando comenzamos a hacer composta para nuestros abonos orgánicos, él no dejaba de estudiar libros de digestión aeróbica y anaeróbica, nutrientes, nitrógeno, fósforo, potasio, elementos menores y cuanto mineral existe y sus beneficios en nuestras plantaciones. En mi caso, lo que me fascina es la botánica. Siempre me ha interesado leer sobre las flores para entender su estructura y composición química. La floristería no me atrae mucho, prefiero conocer de las flores para usarlas adecuadamente en mis teces, entender la propagación de las plantas, la polinización, la estructura física de la flor y cositas así. Ese cúmulo de conocimientos nos ha ganado buena reputación en estos campos. La agricultura es una ciencia maravillosa, inclusive mayor que la medicina misma. Ella nos provee alimento, supervivencia, refugio, recursos naturales, remedios, sustento y todo lo que necesitamos para sobrevivir. En ella convergen la física, la química, las matemáticas, la astronomía, la psicología, la geología, la geografía, la meteorología y la medicina convencional.

La buena agricultura depende del uso adecuado y balanceado de todas las ciencias para producir buen fruto y sacarle el mejor provecho a la tierra. La agricultura es la madre de las ciencias y del conocimiento. Es triste saber que cada día que pasa se le presta menos y menos atención. A los que labran la tierra los tienen por los menos inteligentes, por brutos, desconocedores y desventajados.

Mas sin embargo, son esos cerebros y esas manos, ese conocimiento de los científicos del campo, los que mantienen viva a una humanidad completa. Después de todo, la ignorancia del ignorante lo hace sentirse sabio, más es la sabiduría del sabio la que lo hace saberse ignorante.

* * *

Mañana llega mi niña y siento la necesidad de sentarme en mi vieja mecedora para meditar un poco. Ha anochecido, es una preciosa noche sin nubes. La luna está llena y su luz fluye por la sierra, transformándola en un escenario espectacular. Esta noche no me siento triste, ni me siento melancólica. Todo lo contrario, la luz de la luna llena me inspira algo de paz y el saber que mi hija llega mañana me hace sentir extremadamente dichosa.

Hace un *friíto* maravilloso, por eso me he echado una manta de lana por encima. Me estoy tomando una taza de chocolate caliente con pedacitos de queso de papa dentro, el favorito de Ricardo. A él le llevé su tacita al despacho donde está cuadrando algunas cuentas de la venta de la cosecha. Está mucho más tranquilo, disfrutando su taza de

107

chocolate caliente. El allá con sus cuentas y yo acá con mis cuentos. Historias propias que se forman en mi pensamiento ante la convocatoria de las neuronas de mis memorias. Llegan como múcaros en la noche desde las tinieblas de mi subconsciencia. Es increíble cómo se ha formado tan íntima amistad entre mis pensamientos y yo. Pero esta amistad no es como la de Roberto, a estos los tengo que mantener a raya o si no me llevan a la deriva donde puerto seguro no hay. Mi conciencia es el faro y mi voluntad el ancla para no naufragar en el mar de los delirios. Hoy mis pensamientos son míos, me pertenecen y los domino, no me llevan desembocadamente a extraviarme. Medito cosas livianas, como: ¿qué voy a hacer mañana o cómo voy a decorar, así o de otra manera? El problema es cuando divago en los recuerdos que me producen tristeza, eso por lo general pasa en noches muy oscuras que llenan mi alma de pensamientos melancólicos y gracias a Dios no es el caso de hoy.

Me he dado cuenta que las memorias son peligrosas. Prefiero adornar el futuro con esperanza. Al fin y al cabo, ella es el sueño del hombre despierto. Si le presto mucha atención, puedo hacer esos sueños realidad.

Hoy me gusta la noche. Ahora estoy mirando lo que mis ojos pueden ver a la distancia. Mis pupilas han dilatado lo suficiente como para poder ver los dos viejos drones que están en el borde del camino. Me recuerdan a Valentina. Ella le ponía una vara de bambú sobre ellos y practicaba su rutina de saltar a caballo. Desde muy pequeña le gustó el salto a caballo, por eso digo que es muy valiente, eso yo no lo haría jamás. Mi alma prendía de un *maniguetazo* cada vez que la veía hacer esos saltos, pero no se lo podía impedir. Su padre la apoyaba, a él no le daba temor verla saltar. Decía que era muy buena y qué mejor era que lo hiciera aquí con supervisión, que en el campo a escondidas.

-Déjela *mi'ja*, no le ponga bozal al buey que trilla.-me decía.

Verla cabalgar a *gualdapa* y a cuero *pelao* era preocupante para mí. ¡Yo, si no es con una silla bien *ajustá* y a paso seguro, ni pienso en montarme en un caballo!

-Quien nace con alas debe usarlas para volar. Además recuerda que ese espíritu intrépido lo heredó de su querida madre.

109

Valentina disfrutaba tanto esos saltos, que comenzó a competir cuando tenía nueve años. Tenía un buen caballo, alto y fuerte, con grandes patas y una tremenda disposición para el brinco. Se notaba que él lo disfrutaba tanto como ella. Le puso por nombre Champán. Sí, decía que subía por el aire como la espuma del *champán* en una copa. Así quedó bautizado aquel hermoso potro, Champán. Llegaron a ser uña y mugre, colina arriba y colina abajo siempre iban juntos. Hazaña que vino a sustituir el gran Coco unos años después que perdiéramos a Champán con unos cólicos. Cuando nos criamos nosotros, corríamos a pie, pero ella montaba a caballo. Tal vez si hubiese tenido un caballo cuando niña, hubiese sido diferente la historia. A lo mejor no le tendría tanto temor como les tengo ahora. De pronto estoy pasada de años para aprender a montar de esa manera, aunque no soy vieja ni tampoco cobarde, solo que más precavida cada día. ¡Estas piezas ya no vienen!

Y aquí estoy, meciéndome, sin pensamiento fijo, solo mirando lo que puedo ver en esta bella noche estrellada. Es increíble como paso de desear que todas las noches sean días, a disfrutar esta hermosa noche estrellada y de luna llena. Todas estas sensaciones estoy segura las produce esta mecedora de viejas tablas. Ricardo ha estado por votarla en estos días, pero no se lo he permitido. Esta silla trae en sí un poder especial. Aun no puedo definirlo, ni explicarlo claramente, porque ni siquiera sé que es lo que tiene. Unas noches me produce melancolía y en otras, siento una profunda sensación de paz y de sosiego, tal como me siento hoy.

No sé si le pasa lo mismo a Ricardo y por eso no quiera usarla, nunca me ha dicho ni tampoco me atrevo a preguntarle. Si le pregunto, me va a preguntar a mí por qué le estoy preguntando y tal vez hasta cuestione mi lucidez. ¡Lo que está quieto se deja tranquilo! La cuestión es que no estoy loca, soy perfectamente normal, al menos eso sigo creyendo. Peores son aquellos que rehúyen sus pensamientos y no pueden vivir sino tienen su mente ocupada todo el tiempo, no pueden enfrentarse ni a sí mismos. Lo dijo Buda, *el hombre no tiene peor enemigo que sus propios pensamientos.* Yo los enfrento, les declaro la batalla, los domino, los venzo cada vez que puedo. Aunque a veces creo que me voy a perder en ellos, pero no me dejo llevar muy lejos o al menos eso intento. Gracias a Dios que hasta ahora la marea me ha *botao* hacia la orilla. Es que los pensamientos son como los ríos en tiempo de lluvia, cuando menos te lo esperas, viene el golpe de agua llevándose por el medio al que se encuentre de frente. Por eso un sabio dijo que cuando el río suena, es porque agua trae. Y como en guerra avisada no muere gente, cuando escucho el estruendo de las aguas de mis pensamientos, corro hacia la orilla, fuera del cauce antes de que me lleven *enredá*. No podemos dormirnos en los laureles, porque camarón que se duerme, se lo lleva la corriente.

Para mi sorpresa se presenta Ricardo al balcón a interrumpir mis monólogos mentales y dice:

-Lina, gracias a Dios todo está listo para recibir a Valentina. Vamos a tomar el día libre para pasarla a recoger a la estación. Coco está debidamente herrado y limpio. Le hice unos ajustes a la silla de montar para que esté segura. Además le puse correas nuevas para que no se vaya a zafar si le da por galopar por el monte o le da por estar saltando por aquí o por allá.

Es evidente que quiere hablar y hablar. Lo percibo ansioso y le pregunto:

-¿Estás bien? Te ves *afanao*. ¿Acaso te preocupa algo que no me hayas compartido?

112

-¡Naahh!-

-A pesar de que todo está en orden, también tengo la sensación de que esta visita será algo diferente. Es que ella es muy reservada en sus asuntos, sabes que siempre lo ha sido, aún conmigo. Sería más fácil si no fuera tan introvertida en sus asuntos.

-Así es Lina. ¿Recuerdas aquel día que fue a buscar a *Estrellita* por el monte, sin importarle que estuviera anocheciendo? Por poco nos mata de un susto, ¿te acuerdas? Luego, para cuando regresó con la *contrayá* ovejita en sus brazos, nos dijo que por nada del mundo permitiría que la pobre durmiera a la intemperie. La pobre Valentina, toda llena de fango, abrojos y apestosa a oveja. Y pensar que le importaba muy poco todo lo demás. Tan solo le importaba la ovejita que traía en sus brazos. No habría nada que hubiésemos podido hacer para detenerla en su misión, daría la vida por sus ideales. Desde pequeña ha sido terca como mula. ¡Con la pasión que esa muchacha siente por los benditos animales y no quiso ser veterinaria, ah!

-¡Que muchachita esta, ah! ¡Y que su pasión por los

animales es por devoción y no quería tener un trabajo que con el tiempo le cambiara esa pasión en obligación! Me dijo que cuando trabajas en algo todos los días y tienes que hacerlo quieras o no, le quita el entusiasmo. Bien decía continuamente, que no quería comprometer su *joby*, lo que era su escape de la rutina, por eso decidió estudiar medicina. De todas maneras, siempre puede aplicar sus conocimientos en los animales y además experimentar con las hierbas de tu huerto también.

-¿Y tú qué dices? ¿Y ahora que con mi huerto? Porque cuando te entra un dolorcito de estómago, o te enfermas, allí sí que crees en mis remedios, allí si mis hierbas son lo máximo, ¿ah? A ver si cuando te vuelvas a enfermar me vas a pedir que te resuelva.

-No te enojes, fue solo una broma para alegrar la noche.

-¡Una broma, si claro! De todas maneras no estoy molesta. Que descanses, entro en unos minutos. Es más, espérame, mejor subo contigo. ¡Es tiempo de descansar un poco!

Segundo Capítulo

"Si yo no hubiera nacido en la tierra en que nací,
estuviera arrepentido de no haber nacido aquí"
Rafael Hernández Marín

Hermoso panorama el que veo en el cielo en esta mañana espectacular. Hay muchas nubes oscuras que apenas dejan entrever el lucero mañanero a través de si, proyectando brillantes rayos que fluyen en todas direcciones. Rayos dorado intenso y refulgentes que se dispersan y disipan al abrazar las colinas, que lamen los riachuelos de este hermoso panorama. Su resplandor se confunde con la neblina, creando un escenario espectacular. Las tonalidades de blanco luminoso hasta opaco amarillo, le añaden un hermoso lustre a la escena que de por si es hermosa cada mañana. En la cordillera se puede apreciar la diferencia entre las colinas soleadas y las sombreadas, formando contrastes indescriptibles. Contemplar este maravilloso amanecer es revitalizante, verdaderamente un privilegio. Siento que mi espíritu se llena de energía para disfrutar este lindo día de regreso de mi niña. Elevé mis plegarias al cielo para que Dios me la cuide de regreso y todo salga bien. Es por eso que me siento tranquila y confiada en que llegará prontamente y con bien.

-Ha pasado gran parte del día, deben estar por llegar.

Me asomo a la ventana una vez más y a la distancia puedo distinguir la humareda que deja el coche de Ricardo en el camino. Comienzo a sentir que mi pulso se acelera y mis nervios los siento en ruta a mi abdomen. Siempre que me siento muy emocionada, siento hasta sensaciones de vértigo en la boca del estómago. Se siente como cuando vamos rápido en el coche y de repente pasamos un lomo o un badén. Al subir y bajar rápidamente da una cosquillita en la boca del estómago. Pues así mismo me siento ahora en la ansiedad de la espera, observando cómo se acerca mi querida niña a la casa. Tan larga se siente la espera, como tan largos los meses del embarazo. Ese proceso que ningún hombre podría entender, porque jamás lo ha experimentado en carne propia. Los médicos creen que saben por lo que atravesamos las mujeres, pero es imposible que alguien comprenda en su totalidad algo que nunca ha vivido. Podrán saber la teoría y los aspectos fisiológicos, pero comprender los cambios emocionales, las sensaciones que producen tener una criatura en tu vientre, las ansiedades de la espera, los sentimientos envueltos y las preocupaciones del bienestar de tu criatura, jamás. Nadie sabe lo que hay en la olla, solo el que la menea. ¿Cómo podrían comprender la conexión de esa criatura hacia su madre o la responsabilidad de una madre hacia su pequeño vástago que crece nutriéndose de sus entrañas? Nadie como una madre para entender a otra madre. Y miro al horizonte y siento que mis entrañas se están acercando a mí luego de una prolongada ausencia. Como si nunca se hubiera cortado ese cordón umbilical del cual siempre ha estado pegada a mi alma.

-Jamás podré acostumbrarme a la ausencia de mi niña. ¡Definitivamente la amo más que a mi propia vida! Mejor voy a cambiarme la camisa y a untarme un poquito de perfume del que me regaló la última vez que vino a visitarnos. Sin duda alguna la hará sentir muy feliz. Y quien sabe y me regale otro, ji, ji, ji.- pensando en voz alta.

¡Pá, pá, pá, pá! Suena incansablemente la bocina del viejo forito, desde que viene acercándose a la distancia.

-¡Baja Dulcinea que aquí llegó Don Quijote!

¡Pá, pá, pá, pá! Suena insistentemente.

-Baja mi querida Julieta que aquí viene tu queridísimo Romeo.

Salgo corriendo hacia el camino que termina a la orilla de casa para recibirlos emocionadísimamente.

-Bendición mami.- Grita Valentina desde el auto y corre a darme un abrazo encantador.

-Dios te bendiga mi niña, estás radiante.- le respondí con

deseos de llorar de la alegría que sentía al volverla a apretar entre mis brazos.

Mi corazón se hincha de alegría, no cabe en mi pecho, las lágrimas escapan de mis ojos en contra de mi voluntad mientras ella se confunde conmigo en un hermoso abrazo maternal. Confundidas entre abrazos y besos, caminamos al comedor de la casa.

-¿Qué tal el viaje *mi'ja*? Deben tener un hambre terrible, ¿ah? Venga Don Lelo, hágame el favor y déjeme esa maletita por aquí. Pase, puede lavarse las manos y siéntese que vamos a comer y a celebrar todos juntitos este manjar que para luego es tarde. Póngase las pilas, que hoy hay pavo *asao*, bien *adobaíto*, ensalada de papas, ensalada verde, arroz con gandules y su postre favorito, un buen tembleque puertorriqueño. ¡Modestia aparte, está como para chuparse los dedos!

-Gracias Doña Lina, muy amable.

-¡No hay de qué!

-¿Y qué *mi'ja*, quiere o no quiere?

119

-¿Que qué? Si no como yo, no come nadie.

-Pues vamos a meterle mano, que mucho anuncio hecha a perder la película.- dijo Ricardo.

Nos sentamos a la mesa y cada cual se sirve a gusto. Como es de costumbre, Ricardo convoca a una oración de acción de gracias. No es el día de acción de gracias, pero hoy es un día especial y tenemos mil razones para darle gracias a Dios. Damos gracias a Dios por los alimentos y Ricardo comienza a picar lascas de pavo, mojándolas en un exquisito y cremoso *greivi* de pollo que preparé y las sirve con una sonrisa en sus labios que pareciera no poder dejar de modelar.

-¡Bueno Lina, si sabe cómo huele, me como hasta el *pegao*!

-Ya veremos mi amor, no alardee todavía que músico pago no toca bien.

Valentina está muy contenta. Menciona los saludos de mi gran amigo Roberto y su familia. Comenta sobre sus estudios y que tan solo le faltan seis meses más para terminar su internado. La actualizamos en cuanto a los sucesos de los últimos meses, los progresos de la finca, la condición de los animales, el clima y todo lo que puede interesarle. Los nuevos nacimientos y los decesos también son parte de la temática de esta noche.

-Bueno, muchas gracias Doña Lina, todo muy bueno. Ya debo irme, que hace rato me deben estar esperando.-dice Don Lelo.

-Gracias a usted Don Lelo, vaya con bien.

-Gracias por todo Don Lelo, nos vemos mañana tempranito si Dios lo permite.-dice Ricardo.

-¡No hay por qué! Nos vemos mañana si Dios lo permite.

-Gracias por todo Don Lelo, que pase buenas noches.-dice Valentina.

-Espérese un momentito Don Lelo, no se vaya sin llevarse un poco de comida para la familia. Tenga estas *fiambreritas* por aquí.

-Gracias Doña Lina, mañana se las devuelvo limpiecitas, que allá le caen como pirañas.

-Esa es la idea Don Lelo, hasta mañana *mi'jo*. Gracias, que descanse. No olvide enviarle saludos a la familia.

-Bueno, buenas noches a todos.-dice mientras lo despedimos tan cordialmente como se merece.

-¡Bueno mami, como siempre, por encima de los gandules! Esto está bueno, pero el viaje fue largo y quisiera darme un bañito y descansar un poco. Mañana será otro día y podremos conversar más y compartir más tiempo juntos.

-Claro que si mi niña, todo está donde siempre, te voy a subir las cosas a tu cuarto. Mañana te levantaré temprano para que vayas conmigo en la mañana a ver la siembra, los vecinos y a los animales.- dice Ricardo.

-Por supuesto papá, gracias. ¡No sabes cuánto los he extrañado!-contesta Valentina.

-Nosotros también a ti mi niña del alma. Vete tranquila, yo recojo. ¡Qué descanses!- añadí.

Mientras ellos suben al cuarto, me dedico a limpiar la cocina y el comedor. Por lo general Valentina me ayuda cuando cenamos de esta manera, pero hoy comprendo que está muy cansada de ese viaje. Además debe tener un cúmulo de cansancio por esos estudios que le toman tanto tiempo y le consumen tanta energía. Aunque la noto más delgada que antes, no se ve enferma o anémica, gracias a Dios. Al contrario, hay un destello especial en su piel. Se ve radiante, llena de alegría. Su cabello se ve muy cuidado y su hebra se ve gruesa y saludable. Sin dudas, Patricia debió cortarle las puntas porque no tiene *orquetillas* y esas cascadas le quedan espectaculares. Eso sí, su ropa es un poco más seria de lo habitual y anda en tenis de caminar. Se ve muy bien, muy atlética y parece toda una princesa. No sé, pero hay algo como que no me cuadra, algo me está dando mala espina. De todas maneras, está preciosa mi niña, que alegría tenerla en casa.

-Lina, estás hablando sola como las locas.- dice Ricardo mientras me sorprende en mi monólogo.

-No te apures que ni loca ni poca. Solo estoy escuchando mis propios pensamientos; ja, ja, ja.- le contesto disimulando la sorpresa con una gran sonrisa.

-¿Necesitas que te ayude en algo? ¿Quieres que te acompañe a terminar de guardar lo que sobró?- añade.

-¡Ya que insistes! Además aprovecha a contarme como ha sido ese reencuentro con tu niña, ¿de qué hablaban camino a casa? ¿Te ha dicho algo que quieras compartir conmigo?

Él se sonríe y continúa recogiendo algunas ollas y lavando algunos trastos, mientras guardo la comida que ha sobrado.

-No te apures mi vida, tendrás tiempo para compartir con ella y hacerle todas las preguntas que quieres hacerle.- me sonríe y se retira a la recámara.

Aprovecho a preparar me mi tacita de té, esta vez de tilo y manzanilla con un poco de miel y me voy a mi silla mecedora a encontrarme con mis pensamientos por un momento. Miro alrededor lo hermoso de la llovizna que está cayendo esta noche. La noche está más oscura que ayer, pero en mi corazón hay grande regocijo. La alegría que siento por dentro, brota por los poros como miles de luciérnagas alumbrando esta hermosa noche. La casa se siente llena con la presencia de Valentina. Desde aquí alcanzo a oírla cantar mientras se está duchando. Es muy alegre y le encanta cantar cuando se baña. La verdad es que cabalga mucho mejor de lo que canta, pero inspira alegría y mucha vida a estas viejas tablas de mi alma. ¡Como cantante va a ser una gran doctora; ja, ja, ja!

Si me quedé dormida o me fui en un pensamiento no lo sé. Reacciono a la voz de Valentina que dice:

-He aprendido que los amores pueden llegar sorpresivamente o terminar en un solo instante. Que grandes amigos pueden convertirse en grandes desconocidos y que por el contrario, un desconocido puede convertirse en alguien inseparable.

-Ya extrañaba tus paradigmas, *mi'ja*. No sabes cuánto te he extrañado en la casa.- replico con gran sonrisa en mis labios.

-Hace tiempo que no me fluyen frases como éstas, típicas de nuestras conversaciones en este balcón. De repente siento inspiraciones en el alma que me llevan a meditar sobre mis caminos.- dice mientras observa la lluvia caer.

-Que el "nunca más" nunca se cumple, y que el "para siempre" siempre termina. Que el que quiere, puede, lo sigue, lo logra, lo consigue. –continúa su inspiración mientras contempla las gotas de lluvia caer sobre el césped del patio.- Que el que arriesga no pierde y el que el que no se arriesga, no gana.

Simplemente no puedo creer lo que estoy escuchando. Siento cosquillas en el estómago mientras pienso sobre qué es lo que quiere decirme con estas palabras y qué es lo que vendrá después. No me atrevo a interrumpirla, solo la observo detenidamente, intrigada y con una sonrisa de gran curiosidad. No puedo evitar fruncir un poco el ceño, en señal de que estoy meditando en las palabras que escucho.

-Que el sentir dolor es inevitable, pero el sufrir es opcional. Y sobre todo he aprendido, que no sirve de nada seguir negando lo inevitable.- termina mirándome a los ojos con una mirada tan tierna que me siento en completa tranquilidad.

-Mi niña, ¿qué palabras tan hermosas son estas y qué significado abrazan? ¿De dónde viene tanta sabiduría en tu corta edad? ¿De dónde surge esa inspiración y hacia donde te llevan esos pensamientos? ¿Qué es lo inevitable, que hay que arriesgar, que no vamos a perder? No entiendo, que quieres decir pequeña de mi alma.-replico con la mayor dulzura que una madre puede tener.

-No te preocupes mami, tan solo dejo fluir las palabras de mi alma. La verdad es que estoy cansada y tan solo vine a darte las buenas noches y a pedirte la bendición. Además no puedo acostarme a dormir sin agradecerte por el hermoso arreglo de heliconias que hiciste. ¡Siempre me han fascinado las heliconias! Y lo sabes muy bien, ¿ahhh? Bueno, mañana será otro día y tendremos mucho tiempo para conversar. Te amo y te he extrañado mucho. ¡Hasta mañana, bendición!

Sus palabras me producen un taco en la garganta y me dejan muda. Le doy un abrazo y un beso y ella comprende que me siento compungida por su regreso y me deja con una sonrisa en sus labios, como tiene por costumbre.

-Que descanses mi amor. Dios te bendiga *mi'ja*.- alcanzo a decirle cuando va subiendo las escaleras.

-Igual mami, hasta mañana. Además no te preocupes tanto, ¡la gota solo moja el área donde cae!

Sin lugar a dudas, este balcón tiene algo especial. Sé que no es el balcón, es mi vieja mecedora, claro que sí. Esta silla que por años escuchó la sabiduría de Tata y sabrá Dios de cuantos más. Ella pensaba en voz alta, todos sus pensamientos fueron grabados como por osmosis en estas

127

viejas maderas y ahora nos lo transfiere como por gotera en tiempo de lluvia. Solo nos resta colectarlos uno por uno para que ninguno se despilfarre sin ser aprovechado como corresponde. ¿Qué otra explicación podría tener para esto?

Tata era una mujer sabia e inteligente, a pesar que no tenía mucha escuela, como casi nadie la tenía en estos lares. Un poco de escuela para aprender a leer y escribir si era posible, un poco de suma y resta, y a trabajar por el resto de la vida. A pesar de todo, se la pasó toda la vida leyendo y estudiando. Era hortelana, si, pero con mucho conocimiento. Y en ciencia y botánica había que ponerse los guantes con ella.

De la ciudad venía Don Jaime, un agrónomo del gobierno que ayudaba a los jíbaros del campo a desarrollar las tierras. Había un gran deseo del gobierno en desarrollar microempresarios agrícolas para poder producir nuestro propio sustento como pueblo. Tantas guerras y la escasez de arroz y de azúcar, nos hicieron abrir los ojos como país. Don Jaime era locura con Tata. Siempre venía a tomarse su taza de café por acá. Tata y él se sentaban en el balcón a dialogar sobre muchas cosas, cuando le sobraba algún tiempito. Don Jaime había estudiado en el Colegio de agrimensura y artes mecánicas de Mayagüez. La verdad que era muy inteligente y conocedor.

Recuerdo un día que vino a casa a visitarnos y...

-Buenos días Doña Felícita.- dice Don Jaime a Tata mientras se baja del caballo y se quita el sombrero en *seña* de respeto- ¿Cómo se encuentra en esta hermosa mañana?

-¡Buenos días Don Jaime, que alegría verle por estos lares! Pues bien *mi'jo*, gracias por preguntar. ¿Y a usted, cómo le va?

-Muy bien gracias a Dios. ¡Muy lindas las bromelias! Tiene la mejor mano para sembrar que jamás haya visto, Doña Felícita.

-¡Ay no exageres, *mi'jo*! Es cuestión de prestarle atención a los detalles. Si te mantienes *enfocao*, puedes escucharla decirte lo que necesita. No tienes que inventar mucho. Le das cariño y ellas con su esplendor te hacen sonreírle a la vida. Además, ya sabes que me fascinan los coquíes y esta es su mejor casita para reproducirse.

-Eso es así doñita. ¿Y qué tal las cosas por acá? ¿Cómo está

Don Goyo y la niña?

-Allá está Don Goyo en la finca, por el lado de los tomates. Está un poco triste porque anoche llovió muy fuerte y se cayeron muchas de las flores, pero estoy segura que no ha de ser tan grave como dice. Aquí ves a nuestra gacela, feliz y contenta de ayudarme en el jardín.

-Buenos días Lina, ¿cómo le trata la vida?- pregunta dirigiéndome una sonrisa mientras baja la punta de su sombrero para saludarme.

-Muy bien, Don Jaime, muy bien. ¿Y a usted qué tal?- contesto tímidamente.

-¡Qué gusto saberlo preciosa, yo muy bien gracias a Dios!- añade.

-Pues sí Doña Felícita, no han sido días fáciles para nadie.- dice Don Jaime torciendo sus labios hacia adentro como tenía por costumbre cuando le preocupada alguna situación.

Ese gesto era muy peculiar de Don Jaime. A su edad le quedaban pocos dientes y tenía labios abundantes. Cuando halaba los labios hacia dentro para limpiarlos, se veía muy graciosa la expresión de viejito en su rostro. No bastaba con hacerlo una vez, sino que tenía por mala costumbre o manía hacerlo todo el tiempo. Manías de viejo, decía Tata. La primera vez que lo vi, tuve que irme enseguida para no explotar de la risa delante de él y fuera a sentirse ofendido por mi indiscreción. La verdad es que era un ser humano maravilloso y se ganó el respeto de todos nosotros. Mientras te hablaba no dejaba de enrollarse las puntas de su famoso y abundante bigote. Sus abundantes cejas podían ser enrolladas de igual manera.

-Venga Don Jaime, venga y vea nuestras plantas de parcha. Por allí tengo unas pocas de parchas que se puede llevar. También tengo un juguito hecho que nos va a refrescar mucho de este calor tan pegajoso. ¡Dios mío, pero que humedad tan terrible hay hoy!

-*Pasiflora Edulis Flavicarpa*- dice con su media sonrisa, con su labio inferior hundido entre sus encías, tomando una hoja en su mano y presumiendo humildemente de sus conocimientos, mientras le da vueltas nuevamente a los extremos de sus bigotes.

-Vaya que ha hecho su asignación profesor, por acá la conocemos por parcha.

-¿Sabe que en otros países de Sur América la llaman Maracuyá?- esta vez sin dejar de observar un cigarrón que está polinizando una de las flores.

-La verdad que no lo sabía. Solo sé unas pocas cosas que me han *enseñao* los panfletos de agricultura que me envía Lidia desde la universidad. Sabes que ella es *flORóloga*; ja, ja, ja.

-Ja, ja, ja, *flORóloga*. ¿Y ahora qué, términos nuevos de la montaña? –replica Don Jaime.

-Usted sabe que nosotros tenemos nuestro propio dialecto, Don Jaime. Pero a decir *verdá*, la flor es muy peculiar. Si la vez abajo, tiene cinco pétalos blancos y cinco cépalos que abren después de mediodía para dar paso a su hermoso interior. Más arribita tiene esos radiantes filamentos de color púrpura en su base y blancos en su ápice. Ese tronquito del centro tiene cinco estambres, que son la parte masculina donde está el polen y arriba los tres estigmas, que son la parte femenina de la flor.- dice media sonriente, con postura de profesora, levantando sus cejas, con su cabeza a medio lado, esperando la reacción contenida del señor agrónomo.

-¡Mi madre Doña Felícita, bájele un poco la flama que se le quema!- le dijo muerto de la risa.- ¡No la estire tanto, que se le parte!

Daba gusto verlos conversar. Sus gestos hablaban más que mil palabras. Cuando se unían esos dos había que dejarles el canto. Eso sí, sin antes reírme un poco de sus ocurrencias.

-¿Pero qué es lo que se cree usted? ¿Qué, acaso somos brutos porque somos personas humildes y sin títulos? Lo que pasa es que el zapatero a sus zapatos. Mire Don Jaime, la universidad es un privilegio para los que no saben estudiar solos y pueden pagarla. Pero el conocimiento es un ave libre que anida en el árbol que le reciba. Si le das albergue, la alimentas y la mimas, se queda contigo el resto de la vida. La inteligencia solo sirve para aprender. ¿Pero qué hacemos con ese conocimiento es lo importante? ¡Tenemos que ponerle sazón mi hermano, porque *puya* como que no era! Hay que añadirle entendimiento y sabiduría. De lo contrario, es como sembrar yuca en tiesto de cemento.

-Bueno, bueno, Doña Felícita, respire que bota la cuña. Por

eso me encanta venir a verle. Siempre tiene un *guardao* debajo de la manga.

-¿Qué tal la ve? Chúpese esa en lo que le mondo la otra. ¡No prenda fuego si no aguanta candela, caballero! Venga, venga, vamos a tomarnos un juguito de *maracayú* para que se refresque o como sea que le llaman por allende de los mares a mis parchitas. Más lueguito le preparo su cafecito, venga *mi'jo*.

-Maracuyá, Doña Felícita, maracuyá.

Así eran esos encuentros y aún mejores. Al menos unos de los pocos que le presté alguna atención. Ellos hablaban de cosas de adultos y yo aprovechaba para irme corriendo a jugar con Roberto. En su sabiduría, Valentina me la recuerda totalmente. Tiene pensamientos y frases realmente profundas como su bisabuela. Ahí veremos qué es eso de que la gota moja solo el área donde cae. Lo que sí es muy raro, es que Valentina casi nunca se expresa de esa manera fuera de este balcón. Porque lo que se hereda no se hurta, pero de *dinga* a *mandinga* hay gran diferencia. No puedo siquiera comprender por qué este balcón tiene en nosotras este efecto tan poderoso.

¡Hoy hay vida en mi hogar, llegó nuestra niña del alma! Mañana tendremos más detalles de lo que me ha expresado. ¿Cómo es eso de que nada pierde el que arriesga y que quien no arriesga, no gana? Mejor ni le doy casco a esta conversación por ahora, si es que no quiero desvelarme esta noche. Me voy a descansar, sí señor. Mañana será otro día y cada día trae su propio afán. No hay por qué preocuparse demás, mi niña estará con nosotros durante todas sus vacaciones y tendremos tiempo suficiente para descifrar sus enigmas.

* * *

¡Qué día tan hermoso! Los rayos del sol penetran por mi ventana hasta acariciar las sábanas con gran ternura.

-¿Dónde está Ricardo?

Parece que he dormido más de lo debido. Me levanto azorá y me apresuro hacia la ventana.

-¡Caramba, me quedé *pegá* justamente el primer día de regreso de la nena!

Alcanzo a ver a Valentina a la distancia, montando a Coco y a Ricardo cabalgando a su lado. Están por los caminos de la siembra de gandules. Debe haber tres o cuatro cuerdas sembradas de ellos. Ricardo me dijo que en poco más de un mes deberíamos estar preparándonos para la primera ronda de cosecha. Tata estuviera muy contenta de ver esta siembra. Se entretendría desgranando gandules noche y día. Aunque estos son cientos de quintales para la venta y no hay forma que los desgranara ella sola. Pensándolo bien, ella sentada en su vieja mecedora, sería capaz de desgranar toda la cosecha de las cuatro cuerdas y la de todos los vecinos de alrededor; ja, ja, ja.

Los arbustos están preciosos, se ven hermosas sus flores amarillas y violetas, vacilando de lado a lado cuando la suave brisa las hace bailar. Ricardo y los peones han logrado mantener el pasto bajo, a pesar que este año ha llovido más de lo usual. Puedo percibir los gestos que hace Valentina, debe estar bien contenta de estar paseando por allí en su amado corcel. Ni siquiera el caballo blanco de Napoleón era tan mimado. Aunque parece que Coco necesita acostumbrarse de nuevo a tenerla por jinete. ¡Seguramente eso queda resuelto hoy mismo!

-¿Habrán desayunado? Debo bajar a verificar.- pensando en voz alta como se ha hecho costumbre.

Me alisto según la rutina de cada mañana y paso por el cuarto de Valentina. Hay unas maletas parcialmente desempacadas, su cama recogida y una serie de libros y papeles en su coqueta. Veo una caja con unas cartas y la curiosidad me invade súbitamente. Las toco y las muevo un poco a ver si alcanzo a distinguir el nombre del remitente, pero la conciencia me acusa antes de poder hacerlo e inmediatamente decido salir del cuarto antes de cruzar la línea y perder la confianza de la niña.

-¡Eso no se hace, no puedo invadir su privacidad! Si tiene algo que decirme, a su tiempo lo hará por si misma.- me recrimino a mí misma.

Tal vez eso tenga algo que ver con lo que me dijo anoche cuando se despidió, *la gota solo moja el área donde cae.* ¿Qué me habrá querido decir, a qué gota se refería? ¡Porque dudo mucho que de agua esté hablando! ¿De quién serán esas cartas? ¿Qué dirán? ¡Tranquila moza, que tu gallego llega!

Cierro la puerta de su cuarto y bajo a la cocina. Está recogida, pero veo unas tazas, unos platos y un sartén aun húmedos en el escurridor. En la mesa hay una nota que dice: *Mami, gracias por dejarme hacerle el desayuno a papá. No nos esperes para el almuerzo, regresaremos temprano en la tarde si Dios lo permite. Te quiero mucho.*

¿Pensará que he permanecido en la cama a propósito? ¿Cómo es que me he quedado dormida hasta tarde un día como hoy? ¿Me hace eso una mala madre, desatenta? ¿Cómo no he escuchado la alarma de las guineas como pasa todas las madrugadas? Bueno, bueno, bueno, ¿y ya que puedo hacer? A lo mejor me desvelé y no lo recuerdo.

Durante el día tengo mi rutina de limpieza en la mañana. Aprovecho y atiendo mi huerto tempranito, antes de que caliente mucho el sol. Desyerbo lo necesario aquí, abono un poquito allá, aterro la base de los tallos expuestos, colecto algunas yerbas para hacer el sofrito del día, cositas así. Nada como el olor del cilantrillo machacado junto a un poco de recao, orégano brujo, unos ajíes dulces, un poco de cebollita, pimientos y unos pocos de ajos frescos. Dicen que tengo buena mano para sembrar, pero solo lo hago en mi pequeño huerto al lado de la casa sembrando unas hortalizas, vegetales, yerbas medicinales y cositas que no representen demasiado trabajo o mantenimiento. No soy mujer de sembrar plantas de flores, me basta con ver las flores de mis lavandas, de mis tomates o de mis frutos menores. Luego los veo crecer día a día, los colecto y los disfruto en nuestras comidas. Soy una mujer práctica, nada *fancy* como diría mi querida Valentina.

Tata me decía: *Lina, acostúmbrate a extender la mano hasta donde el brazo te llegue y acuérdate que se estira el pie hasta donde llega la sabana.* ¡Mira que el que mucho abarca, poco aprieta!

Me tomó tiempo comprenderlo a plenitud, siempre quería correr más rápido, más ligero, trepar más alto, brincar más lejos, vencer mayores retos. Pero la sabiduría de Tata me llevó a entender que debía hacer solo aquello que estaba a mi alcance, lo demás era derroche de esfuerzos. Una vez que lo entendí, ya no me afano más de lo necesario y vivo un solo día a la vez. Hago lo que puedo hacer y descanso mientras hago lo que estoy haciendo.

* * *

Deben ser las tres de la tarde para cuando regresan Ricardo y Valentina. Sus rostros están sudados y polvorientos. Vienen conversando pasivamente sobre algún tema que no alcanzo a escuchar. La comida está en la brasa por si acaso vienen con hambre. Maté una gallinita del país para hacer un buen *asopao*. Es algo temprano aún, por eso lo tomo con calma, además sé que Valentina vendrá a ayudarme. No es bueno darle todo en la mano tampoco.

Una vez puesta la carne a ablandar en la olla de presión, le añado unos *chuzos* de lechosa al agua para que la carne ablande más rápido. Viejos truquitos que Tata siempre me enseñaba. Ahora tengo tiempo para sentarme un ratito en la mecedora y descansar. A pesar que hay una leve brisa fresca, hace mucho calor. Es un día muy húmedo, soleado y caluroso. ¡Recuerdo muchas cosas al mirar a mi niña, pareciera que fue ayer cuando la parí! Tan rápido que pasa el tiempo y con él vienen tantos cambios. Ella es parte de una generación muy diferente a la mía, donde no tuvimos lo que nosotros hemos podido darle a ella.

Su sonrisa realmente alegra mi corazón. Creo que si el sol dejase de alumbrar, con tan solo su sonrisa iluminaría mi vida entera. Me siento dichosa de la hija que Dios me ha dado. Me honra su respeto, su ayuda, su lealtad. Han pasado casi veinticinco años desde que ya no fuimos Ricardo y yo nada más. Con su llegada vinieron grandes retos y cambios en nuestro hogar. Mayormente porque hubo grandes cambios en mí y en la época que estamos viviendo. Para hacerlo más complicado aún, en estos últimos años hemos tenido más cambios en el mundo que en toda la era completa de la humanidad. No tengo mucho conocimiento de historia, porque nunca me gustó y nunca fui a la universidad tampoco, pero queda claro que ahora la vida es mucho más cómoda y liviana que antes, por lo menos en algunas áreas cotidianas. Valentina no sabe lo que es usar una letrina ni tener una escupidera bajo su cama para orinar durante la noche. Ella ha disfrutado siempre de un baño con inodoro y una casa con todas las comodidades. Tampoco sabe lo que es lavar ropa en el río o cargar agua en cubos desde allá. Es una generación de agua potable en el grifo y energía eléctrica, nada de grillas, quinqués o sahumerios para los mosquitos. Gracias a Ricardo que siempre está atento a proveernos todas las comodidades posibles dentro de nuestros límites.

Somos humildes y sencillos, pero no mezquinos. Siempre que se puede disfrutamos del fruto de nuestro arduo trabajo. De eso se trata, de trabajar para vivir, no de vivir para trabajar. Riqueza que no la proporciona el dinero como muchos piensan, eso no es así. El dinero es para pagar, comprar, adquirir bienes o cumplir con obligaciones financieras. La riqueza es algo más grande y profundo que tener o guardar billetes. ¡Cuántas personas conozco que su única riqueza es una cuenta de banco! Han ahorrado a costo de duro trabajo, abstenciones de disfrutar o de viajar, sacrificando sus familias y su bienestar filial, otros abusando o aplastando a los débiles. Nuestra riqueza es más grande que el *wasi cocki*, es nuestra plenitud familiar, algo que el dinero no puede comprar. La satisfacción de tener y compartir, de suplir la necesidad de algún vecino o amigo que le haya venido una mala hora. ¡Al fin y al cabo, a todos nos llega tarde que temprano! Y según sembremos, así vamos a cosechar. Esta formación desprendida es la que le hemos enseñado a nuestra niña. Esa es una de las razones por las cuales estudia medicina, para ayudar a los menos privilegiados. No es lo mismo un doctor criado en la loza de la ciudad, que un doctor criado en las perentoriedades del campo. Estoy segura que trabajará con vocación y ayudará de todo corazón a los más necesitados.

Mil pensamientos vienen a mi mente mientras se acercan mis preciados amores. Y lo fiel que viene nuestro perro Kiko detrás de ellos. Le hace honor al nombre con esos cachetes tan anchos como su cabeza. Entonces Valentina me despierta de mis pensamientos.

-¡Bendición mami!

-¡Dios te bendiga *mi'ja*!

-Buenas tardes Lina, ¿cómo están las cosas? ¿Todo bien?- pregunta Ricardo.

-Todo bien gracias a Dios. El día ha estado tranquilo. Vino Don Rodrigo a decirte que necesitaba hablar contigo sobre el arado que tiene para venderte, que espera tu visita mañana en la tarde. Fuera de eso, nada nuevo.

-Rosita, Charlie, Diana y Sebastián te envían saludos.- dice Valentina.

-¡Bien que ocuparon el día para hacer visitas por todo el cerro, ah! ¿Por qué no me despertaron para irme con ustedes?

-Mami, no había necesidad de despertarte. Además, que si te quedaste *pegá* es porque estabas realmente cansada. En fin, nos fuimos por allí a dar un paseíto y aprovechamos a visitar un poco. ¡Almorzamos en la fondita de Aleida, tan rica la comida como siempre! Allí vimos a Diana y a Sebastián y compartimos durante el almuerzo. ¡La pasamos de maravilla!

-Pues suban a darse un baño y a quitarse esa pestecita que traen a chinche viejo. ¡Ay *mi'jo*, avance que usted apesta a sobaco de mula, Dios mío! Así que vayan, yo estaré haciendo la cena.- les digo mientras comenzaba a pelar unas papas.

-Muy graciosita mi esposita.

-Vaya y no se detenga, que parece que la tifa está dando una vueltita por aquí para fumigar.

-¡No seas cruel mami! Me doy un baño de gato y enseguida bajo a ayudarte.

Mientras, pelo las papas, pongo el agua a hervir en el caldero y ya lo demás es rutina. Como era de esperarse, Valentina baja al poco rato y comienza a ayudarme a preparar la mesa.

-¡No sabes cuánto extraño el campo! La ciudad es otra cosa, tanto ruido, tanta contaminación, tanto ajoro, tanto ensimismamiento. ¡Este aire puro huele a vida! Me encanta la brisa de la montaña, el sonido de la *quebrá*, el canto del turpial, la canción de los coquíes, la luz de las estrellas. Hasta el sonido de los bambúes cuando chocan entre sí, es maravilloso. Pareciera como si se estuviesen rajando al mínimo viento que sopla. Estas cosas no se ven en la ciudad. La vida campestre es más serena, menos agitada. Más fuerte, pero menos tensa. Aunque el trabajo es duro, claro, pero la sensación de paz y tranquilidad compensa por cada gota de sudor que se derrama sobre nuestra preciosa tierra.

-¿Por qué crees que no seguí los pasos de Roberto? No podría acostumbrarme a vivir en la ciudad. El campo es mi vida. La ciudad es para los que no les gusta ensuciarse las uñas; ja, ja, ja.

Cenamos juntos y el resto de la tarde la pasamos dialogando de las visitas que hicieron por aquí y por allá. Valentina contaba de lo hermosa que encuentra la finca, de lo mucho que había extrañado montar a Coco. Claramente estaba disfrutando cada detalle de la naturaleza. Le fascinan las mariposas y las libélulas. Yo prefiero llamarlos *los San*

Pedros y Roberto simplemente los conoce como *los helicopteritos.*

Cuando la noche nos ha alcanzado, decido ir a mi vieja mecedora a reflexionar como es de costumbre. Me urge recoger mis pensamientos y meditar. Tejerlos en una hermosa sábana de colores con la cual abrigar el frío que siento en mi alma. Disfrutar de esta fresca brisa que sin el sol caliente del día, realmente se convierte en una maravillosa terapia. ¡Me descubro con ansias de pensar y de recordar tantas cosas! Recordar es vivir, por eso lo hago continuamente. Cuando recuerdo rejuvenezco y vuelvo a sentir los deleites de mi juventud. Lo negativo trato de olvidarlo, pues de nada me sirve recordarlo. Pero las cosas lindas que he vivido, esas que jamás se me olviden.

-¡Qué linda está la noche, mami!- dice Valentina tomándome por sorpresa, acercándome una tacita de chocolate caliente.

-¡Gracias *mi'ja*! Han sido días de lindo clima los que hemos tenido esta semana.

-Sabes Valentina, allá en la *quebrá* por donde está el árbol de jagua, Roberto y yo solíamos lanzarnos desde unas lianas que caían desde las ramas y disfrutábamos un montón.- digo sonriendo.

-Pero si allí solo hay una pequeña charca.- dice incrédula.

-Sí, pero nosotros agrupábamos piedra sobre piedra y hacíamos una *poseta*. Nos duraba hasta que lloviera, pues cuando bajaba el golpe de agua nos tumbaba las piedras y teníamos que volver a pasar todo ese trabajo nuevamente para poder divertirnos allí. Hasta camarones y *chágaras* cogíamos entre esas piedras. ¡No te creas que Roberto era tan sedentario como lo ves ahora! El perdió su espíritu aventurero, aunque a decir verdad, creo que yo lo perdí hace mucho tiempo también. ¡Pero no éramos así en nuestra adolescencia!

-No es que hayan perdido nada, es que todo tiene su tiempo. Ya ustedes no son los muchachitos de antes, ni las fuerzas ni las energías son las mismas, tampoco los intereses ni la forma de pensar. Debes aceptar que los años no pasan en vano y que aunque no reúnas piedras para hacer una represa, eres una gran madre con mucho que compartir aún.

Ella siempre ha llenado mi vida de entusiasmo. Siempre ha sido optimista e intrépida. Aun cuando le hemos restringido algunas actividades peligrosas, ella siempre ha demostrado gran valor para echar hacia adelante por sí misma.

-¡Papá ha hecho un gran, gran trabajo en la finca! ¡Con lo duro que es mantener limpia y sembrada esta propiedad y lo hermosa que la conserva! A veces pienso que trabaja demasiado, que es tiempo de tomar las cosas con más calma. Sus manos rugosas, llenas de cayos, piel gruesa y rígida. Tan gruesa y áspera se sienten, que supongo no haya espina o astilla que las pueda atravesar. No necesito ver que es él quien me cubre los ojos jugando conmigo, pues esas manos las puedo distinguir entre un millón. ¡Cuán diferentes son mis tiernas manitas! Demasiado tiernas para mi comodidad. Las mías son de chica de ciudad, manitas de muchacha de campo refinada por una profesión que requiere delicadeza y suavidad. La verdad es que mis manos se han adaptado a lo que estoy haciendo en la vida. Realmente puedes leer a las personas por sus manos. Las mías también eran gruesas y ásperas, fuertes, pero los años de estudio y la falta de trabajo duro han hecho que mis manos sean iguales a las de todos aquellos que nunca han puesto una mano en un arado o trabajado en un pilón. Mis manos no atestiguan mi formación, mis experiencias. Ahora tengo que decir con mil palabras lo que una mirada a ellas podía legitimar. Además, las palabras se las lleva el viento, algunos me creen y otros me ven como una empedernida de esas que estudian medicina por herencia o clase social. Esa es una de las razones principales por las que quiero regresarme lo antes posible. No puedo acostumbrarme a estar rodeada de ciertos tipos de personas. También quiero regresar para estar contigo y con papá y necesito mucho de estas montañas. Necesito beber a sorbos estas corrientes de aire puro y limpio, sin contaminación alguna. La ciudad tiene un olor diferente, desde monóxido de carbono de los coches, hasta los aromatizantes que usan para mitigar el mal olor. Me hieden hasta los pensamientos corruptos de las mentes que corren en busca de lo suyo egoístamente. ¡Cuántos compañeros tengo que van como caballos *desenfrenaos* en carrera de hipódromo, en busca de alcanzar lo que lo demás no tienen, en ínfulas de satisfacer los apetitos de la carne y sus ambiciones personales! Más hiede la descomposición de la avaricia dentro de sus corazones, que los chorros de sudor que tal carrera les produce. ¡Tanta codicia, tanta ambición desenfrenada, tantos complejos e inseguridades! En cambio aquí, en este hermoso campo, en estas montañas separadas de las masas sociales, podemos respirar aire fresco, puro, ver las estrellas, mojarnos en la lluvia sin ser señalados como plebeyos o prosaicos sociales sin clase o distinción. Aquí podemos ser nosotras mismas, darle libertad a nuestro espíritu para que pueda volar hasta donde le venga en gana. En fin, volviendo al tema de papá. Él ya no es un nene, se está poniendo viejo. ¿No crees que deba tomar las cosas con más calma y trabajar un poco menos, bajar un poco la velocidad?

-¡Cuidadito con lo de viejo, *mi'jita*! ¡Qué ni te escuche, que viejo es el viento y todavía sopla! Ha decir verdad, el trabajo es lo que lo mantiene fuerte y saludable. El trabajo duro no mata a nadie *mi'ja*, más mata el ocio de los vagos. Con el trabajo duro se mantiene sólido y fuerte el cuerpo y también la mente. Bajará la intensidad cuando sus fuerzas no sean las de antes, pero por ahora creo que le quedan unos cuantos años más a este paso. Está duro como un corozo y esa es su forma de vida. ¡Recuerda que a caballo viejo no se le enseña trote nuevo! Si eso lo hace feliz, ¿por qué molestarlo con opiniones que al fin y al cabo no va a tomar en cuenta? ¡Y no se preocupe, que cuando se le queme el *cloche*, solito botará el cambio!

-Sí, pero es de sabios cambiar de opinión y nunca es tarde cuando la dicha es buena.

-Ha decir más *mi'ja*, usted está hecha toda una mente filosófica, llena de pensamientos interesantes. Me entretienen mucho, pero veo esa mirada en ti, esa mirada que siempre has *presentao* cuando quieres decir alguito más por ahí. Tú estás hecha de mi misma madera y no hay cuña peor que la del mismo palo. Así que aunque has dicho mucho, se te nota que tienes algo *agolpao* que quieres sacar. Te ves como lagartijo *atragantao* con una aceituna; solo que no en tu pansa, sino en tu corazón. Así que *espepita mi'ja*, ¿qué traes?

- ¡Wow, má, no has cambiado nada! ¡Tus ojos son como *rayos x* que ven más allá de mis palabras! Eres un peligro para mis secretos cuando dialogamos en este balcón y especialmente cuando estás sentada en esa silla. Esa silla es más peligrosa que la silla eléctrica que hizo Thomas Edison para ejecutar a los criminales. En ella he sentido cómo se electrocutan mis pensamientos de vez en cuando también. Y cuando no estoy sentada en ella, pero estoy cerca como ahora, su campo magnético altera los electrones y neuronas de mi cerebro, por eso me torno filosófica y no puedo parar de hablar; ji, ji, ji.

-Bueno, bueno, bueno. Vamos al grano y déjate de vacilones.

Mientras ella habla me produce gracia sus palabras y no puedo parar de sonreír. La niña es víctima de esta fuerza filosófica que esta vieja silla tiene. La dejo develar sus verdades, que caiga por su propio peso. ¡Que baje el chorro, que canal hay! Pero tengo que mantenerme atenta y alerta, porque en río bravo, remo a mano. No me voy a distraer ni por un instante; no, señor. Esta oportunidad de satisfacer la curiosidad, no me la pierdo por nada del mundo; ji, ji, ji.

-Quiero presentarte a un amigo.- dice mirando hacia el horizonte.

Mi pulso se acelera grandemente, se me seca la boca, y mis ojos dejan de parpadear. Ha decir verdad, se abrieron como *pescao* de *friser*. Escucho la frase nuevamente en mi cerebro como eco en un abismo. Me siento sudorosa y los latidos de mi corazón le hacen competencia a sus palabras. Siento como fluye la sangre por las venas de mi cien y con cada chorro se me nubla la vista. Que transparente soy, debo tener la cara roja y casi no puedo contener este tremblequeo de nerviosismo que me da. Gracias a Dios que es de noche y ella ha decidido continuar hablando de espaldas a mí.

-Es un amigo de estudios con el cual he estado compartiendo

por los últimos ocho meses. No te había contado nada porque sabes que no me gusta compartir las cosas hasta que estoy segura de lo que tengo entre manos. La verdad es que es más que un amigo, esto va en serio.

Decido no interrumpir su monólogo. No debería sorprenderme que tenga un amigo especial, la verdad que es el momento ideal para una relación seria. Por el momento me mantengo meciéndome en mi vieja silla y prestándole mucha atención a cada detalle de lo que mis oídos están escuchando.

-Se llama Gustavo y es un gran ser humano. Viene de buena familia y está terminando el internado en pediatría. Su compromiso es con la niñez y tiene muchos planes para ayudarlos en lo que esté a su alcance y le sea posible.

No puedo evitar sonreír mientras ella continúa hablando. Mientras habla, sigue con su mirada a una bella luciérnaga que trata de atravesar nuestra tela metálica para entrar al balcón. Juega con ella dándole toquecitos a la malla, mientras continúa describiendo a su afortunado amigo. En tanto, mis pensamientos van a galope hacia la entrada de mi conciencia y me veo en la obligación de pararlos en seco para poder escucharla atentamente.

Aún sin mirarme, dando muestra que aprecia mi absoluto silencio, sabiendo que cuenta con mi absoluta atención, continúa su discurso calmadamente.

—Nos conocimos en la cafetería de la universidad, un día que estaba estudiando, en uno de esos momentos que me tomaba un *breakecito* para tomarme un *cafeíto* y me agradó tanto que me tiene hablando de nosotros contigo. De esa conversación surge que había tomado una clase sobre tejidos donde él era el asistente del profesor y no me había percatado. Ni siquiera lo recordaba, pues realmente no le había prestado interés en aquel entonces. Estaba tan enfocada en los estudios que no había espacio para nada más en esos días. De esa conversación en la cafetería, surgieron otros momentos para compartir y todo fue engranando, cayendo las piezas en su lugar por su propio peso.

Estoy escuchándola atentamente y siguiendo con la vista cada movimiento de sus manos en respuesta a la luciérnaga que está chocando contra la tela metálica. Me siento un poco ansiosa y bastante nerviosa por lo demás que pueda decir mi hija y no me atrevo a interrumpirla, a no ser que pierda el deseo de hablar con toda confianza.

-Me has enseñado a valorizar a las personas por sus méritos y Gustavo ha pasado muy bien la prueba. Está demás decir lo exigente que he sido en esta evaluación, no estoy para juegos ni tampoco para que nadie me haga sufrir. Me siento muy feliz con esta relación y hemos decidido que si todo continúa bien como hasta ahora ha ido, deberíamos casarnos luego de mi internado.

Todas las frases de anoche me comienzan a hacer sentido y súbitamente siento un gran susto al pensar en lo que mi niña continuará diciendo. Recuerdo parte de sus frases de anoche y qué sería lo que quiso decir con que *un desconocido puede convertirse en alguien inseparable. Que el que quiere, puede, lo sigue, lo logra, lo consigue...,que el que arriesga no pierde y el que el que no se arriesga, no gana. Que el sentir dolor es inevitable, pero el sufrir es opcional. Y sobre todo he aprendido, que no sirve de nada seguir negando lo inevitable.*

Valentina continúa en silencio mientras yo pienso desbocadamente. Entonces recuerdo haber percibido su abdomen un poco más grande de lo habitual y comienzo a sudar y a tragar hondo. No vaya a ser que... ¡No, no, no! Estoy a punto de desmayarme, tengo sensaciones de vértigo y el exceso de pensamientos me están haciendo sentir *enclaustrada* y claustrofóbica. ¡No puede ser que mi niña está *preñá*! ¡Oh Dios! ¡No puede ser...! ¡Si eso es así me muero, mejor que me trague la tierra!

-Sus padres son de la ciudad y tuvimos la oportunidad de compartir y conocernos. Tenía que asegurarme que es un buen hijo antes de dejarlo llegar a primera base conmigo. Ya sabes que confiar en alguien me llevó a no confiar en nadie. Después de todo, un deseo no lleva a nada, solo una decisión.

Mientras tanto he enmudecido y no he hablado, tratando de darle espacio para que acomode sus palabras en el tren de la oración, que en este caso tiene más vagones que un tren de carga. Estoy midiendo cada gesto, cada movimiento, evaluando el timbre de su voz y respirando profundamente mientras espero no escuchar la mala noticia que me ronda el pensamiento.

-Gustavo desea visitarlos para conocerlos y ha pedido presentarse a ustedes lo antes posible para que lo conozcan a él y a su familia también. Me pidió que si es posible, quiere venir y presentarse junto a sus padres. Le dije a papá y me dijo que con el no hay problema alguno, que sabía que era tiempo de estos asuntos. ¡Que para monja no había nacido!

Mientras ella habla, yo pienso que Ricardo no se ha percatado de las diferencias en el cuerpo de Valentina. Yo soy su madre y sé que algo hay diferente aquí. Después de todo, las madres siempre nos damos cuenta de detalles que los hombres no. O tenemos un sexto sentido o somos más detallistas, pero la diferencia es clara y evidente para mí.

-Además desea establecerse en la montaña y atender a esta población. No porque tenga dotes de misionero o alguna cosa así, es que de todas maneras esa sería la única forma en que podríamos estar juntos, pues yo de esta montaña no me vuelvo a ir cuando regrese de los estudios. Con mucha razón dicen por allí que un amor hala más que una yunta de bueyes, por decirlo de esa manera. Así es que es, porque no hay forma alguna en que yo viva lejos de ustedes por mucho más. Extraño compartir contigo, extraño la finca, extraño los animales, extraño tu huerto, extraño tus teces, extraño estas conversaciones que hoy son casi monólogos, extraño a Coco, el olor a *recao* y a cilantrillo cuando se mojan sus hojas y tantas otras cosas más.

Resisto la ansiedad por interrumpirla y hago fuerza para dejarla que continúe hablando libremente. Me limito a ofrecer una parca sonrisa de vez en cuando y de cuando en vez. Ahora sí que me siento como si estuviera en una silla eléctrica. Tiemblo tanto que tengo que sujetarme de los porta brazos con gran fuerza. Si no me controlo, hasta hoy llega esta silla que tanta historia tiene conmigo. Disimulo mi ansiedad meciéndome en ella, aunque no pueda evitar mecerme cada vez con más fuerza.

-Tengo que decirte algo más.- añade.

Ahora sí que cada fibra de mi cuerpo tiembla descontroladamente y apenas puedo respirar. Siento mi mundo expandirse y contraerse, quiero que hable, quisiera que ya no dijera nada más. Cada uno de mis respiros los hago con fuerza, halando con fuerza pequeños sorbos de aire, pues siento que mis pulmones están colapsando y el golpe de ansiedad que me azota me tiene a punto de un infarto. ¿Por qué tanto rodeo? ¿Por qué no dice rápido lo que tiene que decir? La espera realmente desespera, me mata. Estoy como globo a punto de explotar. ¿O es que no sabe que mientras más tardas en morir, más larga es la agonía?

-Mami, estoy padeciendo de quistes en los ovarios y cada vez es peor, es por eso que debes haber notado mi vientre un poco *hinchao*. Sabrás que cuando estoy en mi ciclo menstrual me causa gran fastidio y me duele bastante. Es por eso que estoy un poco *hinchaíta*. Conociéndote bien, me imagino que has notado la diferencia y debes haber pensado muchas cosas. ¿O no? Eres mi madre y conozco hasta como piensas. Es por eso que te quería hablar de esto lo antes posible, porque esa carita de sufrimiento que tienes, solo la he visto en tus peores momentos, ¡madre querida! Aunque sonrías, hay algo en el iris de tus ojos que revela cuando la preocupación te consume. He visto la misma mirada muchas veces y no he querido hacerte sufrir esperando que te cuente. ¿O no?

Un suspiro sale de mi alma al desprenderme de la carga de la sospecha que me estaba aturdiendo. Suspiro que pita como globo al desinflarse. ¡Mi hija no está *preñá*, gracias Señor nuestro!

Sin darme tiempo a integrarme a su monólogo.

- Me hicieron una tomografía computadorizada y un examen pélvico y no hay nada de qué preocuparse, por lo menos por el momento y a base de los resultados obtenidos. ¡Quiero aprovechar y tratar con teces este asunto!- continúa sin pausar.

Entonces se voltea nuevamente y sonriéndose me mira. Me tira una guiñada y con ella toda la alevosía de sus intenciones. Sabía que estaba preocupada y se aprovechó para disfrutar el momento. ¡Por lo menos no le dio más largas al asunto! Como a buen entendedor con pocas palabras basta, le respondo su mirada con una simple sonrisa.

Aprovechando que mis sospechas han sido desmentidas, puedo respirar libremente. Me toma tiempo conquistar el aliento, suprimir la secuela de la paliza nerviosa que acabo de recibir. Las palabras le huyen a mi boca como las *reces* al lazo del vaquero. Las puedo ver, las pienso, pero no puedo llevarlas al cepo de mi garganta.

Para cuando las atrapo y obligo a mis cuerdas vocales a articular, le digo:

-A tu prima Juana pudimos ayudarle con guarapo de caña mezclado con remolacha. Eso te debería resolver esa situación también si la cosa no es algo más serio. De todas maneras, hay que meterle mano, ser positivos y esperar siempre lo mejor. ¿Y qué opciones te ofreció el médico por el momento?

Tratando de no tomar en cuenta sus comentarios hacia mi preocupación, no toco el tema de mis dudas. ¡Es más, lo ignoro! No voy a decir nada para que no se convenza de lo bien que me conoce. Después de todo, no me gusta que tenga descifrados mis pensamientos. Especialmente cuando estoy sentada en mi vieja mecedora. Mis pensamientos son míos, no me gusta que se puedan ver a través de mis ojos o de mis actos, como si estuviesen expuestos en vitrina. Prefiero bajar el telón y ocultarlos de su vista y de la de todos, aunque en la escena de la vida ella haya visto ese acto en repetidas ocasiones.

- Nada, me dijo que merece observación por el momento y que si tengo mucho dolor, par de pastillas deben ayudarme.

-Pues qué bueno, siendo así, entonces voy a sembrar más remolacha mañana mismo, aunque queda algo por allí disponible. En cuanto a la caña no nos tenemos que preocupar, porque caña tenemos bastante. Y sí, la verdad es que había notado tu vientre un poco *hinchaíto*, pero tuve mis reservas en preguntarte y decidí esperar a que me dijeras lo que me tuvieras que decir. Gloria a Dios que la noticia no es tan mala como pudiera haber sido en el peor de los escenarios.

161

-Bueno mami, ¿cómo pudiste pensar otra cosa que estuviera fuera de lugar?- pregunta con una sonrisa más de victoria entre sus labios.

-¡Es que en estos tiempos pasan tantas cosa, *mi'ja*!– respondo un poco avergonzada.

-Jamás tiraría por la borda la educación y los principios que ustedes me han enseñado por toda una vida. Además nunca los deshonraría, madre querida. Ni a ustedes ni a mí misma, claro que no.

-Hola chicas, ¡hermosa noche la que están disfrutando!- dice Ricardo mientras sale al balcón.

-Bendición papi- dice Valentina al mismo tiempo que se le lanzaba encima a darle un abrazo de oso a los que lo tenía tan acostumbrado.

Ellos siempre han tenido una relación muy especial. Ricardo ha sido un gran padre y un buen amigo para ella. Creo que él ha tratado de llenar ese vacío del hermano que nunca pudo tener. Si no tenía con quien jugar, allí iba Ricardo al rescate. Si no tenía un amigo con quien cabalgar, allí estaba papá. Valentina nunca tuvo a un amigo o amiga tan especial como lo es Roberto para mí. He podido entender que estas amistades no son comunes. No todo el mundo alcanza tener a un amigo de esta naturaleza. Tuvimos suerte Roberto y yo de habernos conocido desde que éramos niños y hemos sabido cuidar muy bien esta amistad. Realmente las amistades son como flores en un jardín, si no le echas agua se marchitan rápidamente.

-¿Qué te gustaría hacer mañana? – le pregunta Ricardo.

-Pues la verdad es que no quisiera salir. Todavía me faltan cosas por desempacar, quiero ayudar a mamá en el huerto y me doy cuenta que tienes mucho trabajo que hacer, así que no voy a ocuparte más el tiempo esta semana. Tengo mucho que aprender de botánica con la doctora Gacela; ji, ji, ji.

-Ja, ja, ja...si tú también te has puesto graciosita. ¡Pues ya verás las nuevas plantas que sembré! Resucitan hasta a los muertos. Hablaremos de eso mañana en tu clase de botánica 101; ji, ji, ji.

-¡Buenas noches comadre!- sale una voz de entre las tinieblas repentinamente.

163

-¡Bendito sea Dios, Padre Santo! ¡Vas a matarnos de un susto mujer!- exclama Ricardo.

-Hay compadre, ¿por qué se asusta? ¡No me diga que un hombre tan grande como usted, brinca como canguro por cualquier cosita! Sabrá usted que la oscuridad de la noche no oculta al múcaro, usted debió verme venir desde allá cuando venía bajando la cuesta. Si tiene miedo, cómprese un perro *mi'jo.*- dice Doña Petra.

-Pues no comadre, no le había visto. Apenas salí casi ahora a reunirme con las damas del hogar, pues al parecer tienen una conversación muy amena. Pero, olvídelo, ¿qué le trae por acá a estas horas de la noche *comay*? ¿Está todo bien?

Doña Petra es la madrina de Valentina y vive más allá de la loma. Todavía Valentina y yo estamos recuperando el aliento entre risas y suspiros. La verdad es que no la vimos venir y en esta oscuridad, el más valiente la engrampa ante un susto de esta magnitud. Mientras, la comadre también riéndose, se acerca y nos abraza.

-Sí, todo bien *mi'jo.* Vine a ver a la nena. ¡Valentina, pero si estas hermosísima! De seguro debes ser la doctora más linda de todo el país.- le comenta mientras acaricia un mechón de su pelo.

-Bendición madrina. Bueno el susto que me has *pegao*.

-Dios te bendiga *mi'ja*. Tienen que estar más pendientes, que así mismo llega la pelona y se los lleva a *toítos*.

Ella es muy divertida y atenta con nuestra hija. Cuando íbamos a presentar a Valentina ante el Señor, tomamos la decisión de tener a Roberto y a Patricia como padrinos y a Doña Petra como madrina también, por si las moscas. Necesitábamos a Doña Petra pues vive cerca, es una gran vecina y una buena amiga también. Resultó ser la mejor decisión que tomamos, considerando lo atenta que ha sido con Valentina toda la vida. Me ha suavizado la carga de la crianza en muchos aspectos. Yo no tengo más familia que Ricardo y sus padres, que ya son mayorcitos. Es por eso que la amistad de Doña Petra me ha venido como anillo al dedo. Jamás sería una amistad así como la de Roberto, pero es una gran compañera con quien compartir. Juntas hemos pasado innumerables tragos amargos y muchos momentos felices también. Juntas hacemos muchas tareas. Cuando en casa no teníamos máquina de lavar ropa, íbamos a lavar juntas al rio.

Muchas veces competíamos a quién le daba los paletazos más duros a los mugrientos pantalones de nuestros esposos. Realmente no eran tiempos fáciles, estrujar pantalones contra las peñas era agotador. ¡Muchas veces nos motivaba a darle más duro y restregarlos mejor, el simple hecho de pensar que los pantalones eran nuestros maridos mismos! Ji, ji, ji.   La llegada de la tecnología de la lavadora ha sido una gran bendición. ¡Oh, cuánto adoro esos rodillos de exprimir la ropa! Valentina no puede notar esa diferencia en las tareas de la vida porque no las ha vivido.   De hecho, ni siquiera ya vienen con esos rodillos exprimidores, ya la exprimen en los mismos ciclos.

-¿Cómo estás mi querida?- le pregunta a Valentina mientras la besa en la mejilla. No sabes cuanta falta haces por acá.   No tengo con quien jugar damas, aunque sabes que el hecho de que yo pierda no te hace una ganadora, ¿ehh?

-Puede dejarse de tanta humildad querida madrina, que usted juega mucho mejor que yo. Recuerde que usted fue quien me enseñó todos esos truquitos de campeona; ji, ji, ji. Además que el discípulo nunca será mayor que su maestro.

-¡Pues qué bueno que has *regresao*! No vemos la hora de tu regreso definitivo. Tener una doctora cerca nos va a beneficiar a todos por acá. Especialmente a esta edad donde los dientes pierden sus raíces y el motorcito empieza a dar escopetazos, ¡tú sabes! Tengo que darle manigueta a este cuerpo para poderlo arrancar en las mañanas. Estoy peor que un modelo T.

-¡Pues trata de no tirar escopetazos aquí, querida Doña Petra!- dijo Ricardo con su habitual sonrisa.

-Ja, ja, ja. Bueno, ¿y qué compadre? ¿Cómo están los trabajos de la finca?

-¡Ya ves, *mi'ja*! Ahora que terminamos la cosecha de café podemos tomar las cosas con más calma. ¿Sabías que al *compai* Demeterio le picó un alacrán en la mano durante el desyerbe esta semana? Estuvo tres días sin poder trabajar.

-Si lo sabía. Ya sabes como es mi hermano, nunca toma las debidas precauciones. Mira que cuando éramos muchachos siempre estaba *agolpiao* porque no se cuidaba. El pobre anda *mellao* de arriba porque le cayó una pana en la cara cuando estaba tumbándolas para un sancocho. ¿Puedes creer tal cosa, compadre? Ahora come como uno de esos cabros que tiene

167

en el *cercao*, con los dientes de abajo *na'má;* ji, ji, ji. ¡Pero olvídese *de'so* por ahora, que estamos aquí para hablar de mi querida *ahijá,* que ya está hecha toda una dama y prontito será nuestra doctora oficialmente! Aquí traigo un buen maví para celebrarlo y la pasaremos súper bien por un ratito.

Mi amiguita tiene el don de la palabrería, si es que eso existe. Porque qué buena para pasar una noche hablando con ella. Tiene un sentido de humor terrible y más anécdotas que un marinero. ¡Hace reír aun al más serio! Tenemos miedo cuando va a los funerales, pues un día de estos, todos van a salir corriendo cuando vean en el féretro a uno muerto de la risa. Ella ha sido el mejor espanto para mi colección de pensamientos. Podemos pasar horas largas dialogando mientras tejemos sentadas en este balcón. La vida del campo se pasa entre quehaceres y tareas, es por eso que tenemos que pasar el rato alegres, aunque el cansancio muchas veces se convierta en un fastidio. Por eso dicen que en lo que el hacha va y viene, el leñador descansa; porque hay que descansar trabajando. Doña Petra vive con Don Francisco su esposo, pero él casi no sale a visitar. No es fácil correr la finca en tiempo de cosecha. Me imagino que pronto lo veremos por aquí tomándose un respirito de la esclavitud del trabajo. A Ricardo le ayudo mientras puedo, pero cada rato tengo que salir corriendo a atender un parto o a hacer mis visitas prenatales y tengo que dejarlo con su propio tostón.

Mientras estamos sentados pasando una noche maravillosa, siento fluir del interior torrentes de pensamientos que quieren invadir este tiempo de relajación que tengo con mi comadre Doña Petra. De repente suena el teléfono, alterando temporalmente nuestra tertulia y las interminables charlatanerías de Doña Petra. Entre risas y comentarios, Valentina se apresura a contestar.

-¡Buenas noches! ¿Con quién hablo?

Por alguna razón estoy escuchando a Doña Petra mientras habla, pero estoy como satélite tratando de escuchar lo que dice Valentina a la distancia. Sé que no debería escuchar las conversaciones ajenas, pero al no saber quién ha llamado, la curiosidad me invade y no lo puedo evitar. Noto que Valentina baja el volumen de su conversación y alcanzo escuchar su risa y un tono peculiar de alegría en su voz. No puedo resistir esta curiosidad, le voy a preguntar a Doña Petra si gusta que prepare una taza de chocolate caliente con la excusa de ir a la cocina y pasar por el lado de Valentina para preguntarle quien llamó. Sé que la llamada no es para mí, de lo contrario ya me hubiese llamado para atenderla. ¡Baahh, qué más da!

-Doña Petra, ¿gustas un traguito de chocolate caliente con quesito de papa adentro?

-Perro, ¿quieres longaniza?

-Dirigiéndome a Ricardo comento- A ti no tengo ni que preguntarte *mi'jo*.

-¡Gracias mi reina, siempre tan amable y tan considerada!

Inmediatamente me dirijo a la cocina y camino de la sala paso por donde está Valentina y le susurro si gusta también una tacita de chocolate caliente. Consiente con una *seña* de su cabeza mientras sonríe y se voltea hacia el teléfono una vez más. Sin hacer sonidos, me deja saber que es Gustavo quien la llamó. Me sonrío mientras mi mente comienza a correr a cien millas por hora, como si estuviese corriendo el cuarto de milla. Debo controlarme, porque de lo contrario estos pensamientos me harán quedar mal. Siempre he sufrido de tener mucha curiosidad y cuidado que Tata me enseñó que por la curiosidad murió el gato. Debo confesar que estoy muy interesada en escuchar esa conversación, pero tengo que ser respetuosa, nadie me ha dado vela en ese entierro. La niña es mayor de edad y se molestaría si siente que invado su privacidad una vez más. Siempre ha sido muy reservada, por eso el cuchicheo de la conversación. ¡Total, el *enamorao* es una cosa mala!

Mientras estoy guayando la barra de chocolate, la leche está en la estufa, el queso está en el picador, he sacado las galletas de la lata y estoy acompañada sólo por mis pensamientos. Se escucha la risa de Valentina de fondo, las voces de Ricardo y Doña Petra en el balcón y el coquí que vive en el tiesto de mi cocina. Al momento me doy cuenta que Valentina termina su conversación y se acerca a la cocina para ayudarme. ¡Muy risueña la niña! ¡Sus ojitos brillosos y sonrojada sin poderlo ocultar! Me hace recordar aquellos años en la escuela superior cuando me enamoré de Ricardo y todo me parecía nubes y encantos.

-Hola mami, ¿puedo ayudarte en algo?

-Oye chica, la alegría se te sale hasta por los poros. Me alegro que hayas encontrado a ese ser especial que te hace tan feliz. ¡La verdad que tengo mucha curiosidad por saber de él, cuénteme!

-¡Vaya que estás bien directita hoy! ¡A lo menos hubieses esperado a que te cuente por mí misma, como quiera iba a decirte, ji, ji, ji! Nada, Gustavo quería saludarme y decirme que me extraña mucho. Me preguntó si ya les había dicho de su deseo de hablar con ustedes sobre nuestra relación. Le dije que sí y que ustedes estaban deseosos de conocerlos. Ya sabes que las vacaciones duran poco tiempo y me preguntó que si pueden venir el domingo entrante para presentarle a sus padres y tener la oportunidad de conocerse. Él es un joven bien educado, cariñoso, elegante, amistoso, jovial, inteligente, aplicado y trabajador. Sus padres me garantizan que siempre ha sido un buen hijo y que están seguros que me va a tratar como a una reina.- dice mientras me ayuda a echar los pedazos de queso de papa en las tasas de chocolate caliente.

-La verdad que extraño mucho estos ratitos y estas tertulias en noches oscuras y frescas bajo la luz de las estrellas y la brisa serena de este bello monte. Podré tomarme mil tazas de chocolate en mil lugares del mundo y nunca serán tan sabrosas como la que prepara mi querida madre. Pero no voy a ponerme melancólica ni *cursi*, así que vamos a llevarle esto a los *tineyers* que están afuera, antes que se enfríe.

-¡Ja, ja, ja! ¡Comadre, escuche lo que dice Don Ricardo!- dice Doña Petra.

-¡Baahh, ni me digas! Debe ser uno de esos chistes mongos. Aquí tienen, lo prometido es deuda. Una taza de chocolate caliente con queso de papa adentro, *gurmét*.

Sin esperar ni un segundo, cada cual coge su taza de chocolate caliente y comienzan a disfrutarla con las galletas de mantequilla que teníamos guardadas para un compartir como este.

La noche discurre entre risa y ocurrencias de todos en la casa. Doña Petra es como un pequeño fuego que enciende un gran bosque. ¡Hay que darle cinco chavos para que hable y un peso para que se calle! Basta que llegue con su buen humor para que todos disfrutemos de una velada amena y divertida. Nos ponemos al tanto de los pormenores de los últimos días, hablamos de las noticias del momento, compartimos la noticia de Valentina y Gustavo, y muchas cositas más. La comadre no le presta mucha atención a eso, ella vive sin preocuparse mucho de las cosas de la vida. Me dice que por más que trate de apretar el agua, siempre se te va a escurrir entre los dedos. Por eso ella solo agarra lo que puede sostener, lo demás, no es asunto que le quite el sueño. Verdaderamente es un ser humano espectacular. ¡Qué privilegio es tenerla por amiga!

Luego de terminar nuestra taza de chocolate caliente, Doña Petra se despide.

-¡Bueno, colorín colorado, este cuento se ha acabado! Hacemos como San Blas, ya comiste, ya te vas. Barriguita llena, corazón contento. Gracias por todo, la pasé de maravilla. Y recuerde que los amigos son como los zapatos, podemos tener muchos, pero siempre andamos con los que nos sentimos más a gusto. Y a la mala ni los zapatos entran. ¡Comadre, nos vemos mañana si Dios lo permite!

-Hasta mañana comadre. Con cuidadito por allí mi'ja. Que descanse. ¡Saluditos a la familia, sabe!

Aprovechamos la ocasión y cada cual se recoge a su aposento a descansar.

* * *

Bendición mami, buenos días. Qué bonita mañana, ¿descansaste bien? - pregunta Valentina.

-Dios te bendiga *mi'ja*. Si, descansé bien y ¿tu? - respondo mientras le doy un beso y un apreciado abrazo. Si algo siempre hemos hecho, es darle mucho amor, cariño y atención a nuestra niña. Qué bueno, porque al paso de los años hemos visto el fruto y debido a eso es que hoy comenzaremos su primer curso oficial de botánica en mi jardín.

-¿Y papi? ¿Ya se fue a trabajar?

-Pues sí, salió muy temprano para aprovechar la fresca. Prontito lo veremos por allí cuando se mezcle el hambre con el deseo de comer. Vete desayuna, cómete la tortilla y las papas hervidas que te preparé, disfrútalo.

Hacerle una tortilla de huevos de pata ha sido muy adrede. En la ciudad solo hay huevos de gallina, aquí puedo ofrecerle más exquisiteces de la naturaleza y del campo. El sabor es diferente, es más yema que clara. El sabor es más intenso y la textura es más suave. ¡No a todo el mundo le gusta, pero a

175

nosotros sí! La idea es mantenerla acostumbrada a las cosas del campo lo más posible, para que el campo mismo la llame desde su interior. De la noche a la mañana muchas cosas pueden cambiar, pero no quisiera que cambiase esa voluntad firme que siempre ha tenido de regresar a su terruño, ¡eso sí que no!

- Dicen que puedes obligar a un gran elefante, por fuerte que sea, a que se mantenga sujeto a una cadena atada a una pequeña estaca en el piso, con tan solo acostumbrarlo a atarlo a ella desde que es pequeño. Al ser pequeño el elefante, intenta zafarse de ella, pero todavía no tiene las fuerzas para poder hacerlo. Luego se acostumbra a ella y por siempre va a pensar que nunca podrá zafarse de esa cadena y de esa estaca, aunque sea más grande, fuerte y poderoso que cien estacas juntas. De esa manera el elefante entiende que sería en vano intentar jalar de la cadena y por eso no lo hace. Si lo hiciera, sería otra la historia en su vida. Esa estaca para mi es la medicina moderna, que ata con cadenas fuertes a débiles seres que se sujetan a las enseñanzas de la universidad, sus currículos y los auspicios de las grandes farmacéuticas que aclaman que tienen el último descubrimiento para las enfermedades que enfrentamos. Eso es cuando son débiles en el conocimiento. Para cuando los médicos crecen en el saber y la experiencia, permanecen atados a la rutina farmacológica y nunca sabrán que tienen recursos suficientes para restablecer la salud a los necesitados y disfrutar de las bendiciones de la naturaleza que Dios ha creado para el uso sabio de todos nosotros. No digo que la medicina moderna sea mala, todo lo contrario. ¡Gracias a Dios por ella! Pero la medicina moderna nunca debe exterminar los remedios naturales que por miles de años han servido bien a nuestros antepasados y aún estamos aquí. La humanidad sobrevivió sin acetaminophen, pulmicort, percocet, antibióticos y todas las medicinas que se han inventado. Aunque mil gracias doy a Dios por todas ellas.- comenta Valentina.

-Dos cosas si debo elogiar contumazmente, el descubrimiento de la anestesia y el descubrimiento de la penicilina. Pero el punto no es si una forma de curación es mejor que la otra, no quiero separarlas, la verdad es que lo que quisiera es unirlas cada día más. Es mi sueño que podamos integrarlas como debería ser. Tomar lo mejor de los dos mundos, lo beneficioso de ambas. Usar lo más posible de la naturaleza y usar lo absolutamente necesario de los químicos que nos ofrecen estas farmacéuticas multinacionales que tienen por objetivo principal lucrarse del dolor de la humanidad. ¿Y que con aquellos que no tienen acceso a la medicina moderna o no pueden costearla? Siempre tendrían acceso gratuito a la naturaleza, solo habría que brindarles el conocimiento para usarla efectivamente. Si le damos el pez, se lo comerán y mañana tendrían hambre de igual manera, pero si les enseñamos a pescar, ellos mismos podrían suplir sus necesidades cotidianas. A los capitalistas no les conviene que las personas aprendan a pescar, porque entonces no tendrían a quien venderles el pescado y se derrumbarían sus imperios económicos. Yo no quiero ser parte de esa cadena, quiero educar a mi gente campesina, gente humilde, gente linda y sencilla, a curar, sino aplacar los males que a este cuerpo castigan. Entonces y solo entonces, luego de intentar la medicina natural, buscar auxilio en los químicos para poder resolver contra las enfermedades más catastróficas. –añade Valentina.

Todo esto decía la filósofa de la familia, Doña Valentina, nuestra doctora. Muy bien parada en sus posturas y en sus objetivos. Capaz y emprendedora. En un país cambiante, donde el acceso a la medicina es de unos pocos privilegiados que la pueden costear. Pero ella, tan dantesca, con una voluntad férrea de ayudar a los desplazados, a los más humildes de nuestra hermosa isla. Más no puedo pedir, la criamos aquí, con esta comunidad, con estos valores y aquí morirá mejorándole la vida a todo aquel a quien pueda hacerlo.

Hemos recogido la cocina, ahora nos vamos a visitar nuestro huerto. Gracias a Dios, las plantas están muy bonitas. En los últimos meses hubo mucha lluvia. Le vino muy bien a las plantas, a pesar que tanta lluvia atrasó los trabajos de la finca y todo fue más difícil con el desyerbe.

-Mami, voy a rociar un poco las plantas. Quiero oler el culantro, el orégano, el cilantrillo y la albahaca que están por aquí. El olor es fuerte y maravilloso. ¿Sabes? Al paso de los años, nuestros antepasados fueron probando diferentes plantas para ver si curaban ciertas enfermedades que les agobiaban en sus diferentes regiones, tiempo y espacio. Con la experimentación diaria, se fueron dando cuenta de aquellas plantas que sanan y tristemente también de las que envenenan. En los albores de la humanidad no había escritura como en estos tiempos, los conocimientos se transferían por tradición oral y eso se convirtió en la norma no escrita para perpetuar el uso de las especias, vegetales, esencias de flores, extractos de raíces y hojas entre otras. Recuerdo haber leído que así su descubrió la morfina para el dolor, esta se deriva de una planta natural llamada opio. De la misma planta que se hace la heroína que tanto ha destruido a nuestra sociedad moderna. De hecho, eran las mismas farmacéuticas, como Bayer, las que hasta no hace tanto, hacia la heroína y la vendían a las farmacias mismas. Era beneficiosa para la tos, entre otras cosas, pero se descubrieron daños catastróficos de adicción. La morfina es adictiva también, así que hay que usar estas cosas con mucho cuidado. ¡Cómo cambia el mundo, ah!

-Interesante, no sabía nada de eso.

-Lo mismo pasa con la coca. El té de hoja de coca se usa para aliviar lo que le llaman el mal de montaña en los países de mucha altura sobre el nivel del mar, como Perú, Bolivia y otros más. También para mejorar la digestión y otras cositas más. Pero lamentablemente, de allí sacan la cocaína y allí está el problema.

-Ha, pues vamos a sembrar par de plantas de coca para aliviarnos un poco el mal de montaña que nos aqueja.

-¡Si claro! En muchos países es legal, pero lamentablemente aquí han ilegalizado hasta las plantas medicinales. Allí te traje unas revistas médicas que tienen muchos artículos interesantes, aunque la mayoría están en inglés y allí no eres muy buena que digamos.

-Para eso estás tu mi'ja, para traducirlos.

-¡Bien que sí! De hecho, la medicina natural siempre se ha utilizado para tratar enfermedades fisiológicas y para enfermedades mentales. Lo más que me gusta, es el uso preventivo que podemos darle y los bajos efectos secundarios, si alguno, que pueden producir en el cuerpo humano. Pero como sabemos, hay cosas que no podemos curar con medicina natural, hay que estar claro. Entonces usaremos la mal llamada medicina tradicional para tratar de resolverlo. Así aprenderé yo, por el legado tuyo y por la experiencia que has tenido con estas plantas. El plan es combinar lo aprendido en la universidad con lo aprendido en el campo y buuummm, ser la mejor doctora de estos tiempos; ji, ji, ji.- dice Valentina.

-Óigame hija, Doña Petra me estaba contando que a su iglesia fue un naturalista a dar una conferencia sobre algunas plantas naturales y sus usos. Yo no pude ir porque tú sabes que no soy una religiosa, además Doña Petra no sabía que ese señor iba a eso y que tenía esa preparación. Pero lo que si Doña Petra recuerda, es que él dijo que en la Biblia hay mención de más de 200 plantas medicinales. Lo cual no me extrañaría, pues aunque nunca he sido una religiosa, clarísimo me está que Dios creó al mundo y a las plantas con un propósito. Y si las creó diferentes, algo le tuvo que poner a cada una en beneficio de la humanidad. Hasta las plantas marinas tienen que tener alguito para beneficiarnos. ¡Y hasta allí llego yo! El mar y yo somos como el aceite y el vinagre, no mezclamos.- pausando para eliminar unas telarañas que están molestando por aquí.

-A ver como comienzo una clase de botánica 101 con una estudiante que sabe mucho más que yo. Además jamás he tomado una clase universitaria, ni siquiera sé que significa 101. Será que se da ese tipo de clases a la 1:01 de la tarde o algo así, o que dura 101 minutos. Mejor ni te pregunto, no estoy para pasar vergüenzas por mi ignorancia.

-Vamos al grano mami, déjate de boberías, que tú sabes más que eso.

-¡Pues bien, vamos directo al grano entonces! Bueno mi'ja, tú sabes mucho de estas cosas y estoy consciente que me preguntas más por hacerme sentir útil, que porque necesites que te enseñe, pero es posible que te diga algo que no hayas aprendido aun.

-Pero mami, ¿cómo vas a decir eso? Una cosa es la teoría y otra cosa es la experiencia. Recuerda que solo se aprende, haciendo. Jamás pensaría que sé más que tu sobre estas plantas y sus usos. Podré saber más sobre su historia en algunos casos tal vez, pero de sus aplicaciones puedes darle cátedra a cualquiera. Así que a un lado la humildad y dame material para expandir mi conocimiento. Reconocerlas al cien por ciento de certeza es lo que se me hace más difícil.- dice haciendo señas con su mano izquierda para que comience.

-Bueno, comenzamos a dialogar de las hierbas que te gusta oler cuando se mojan. De las que tengo aquí, de las que conoces. La mejor manera de estar segura de una planta, es la combinación de su aspecto, la textura, el olor y su sabor. El *recao* sabes que lo utilizamos en sopitas y caldos cuando tenemos catarro o monga. Pues no es tan solo para darle ese rico sabor y olor, sino que cumple varias funciones fundamentales. Una es que nos levanta el apetito y nos ayuda a mitigar los dolores de la monga y nos ayuda a reducir la fiebre. De allí el famoso caldo de gallina que levanta muertos. Para eso, hay que echarle mucho recao, entre otras cositas. Por eso lo usamos en casi todas las comidas, sabe rico y su aroma ayuda en el mejor sofrito que puedas hacer. Unas habichuelitas sin *recao* no son lo mismo. ¿Ves? Hablaremos de las cositas que siempre hemos usado en casa, para que no se te olvide nada y lueguito continuamos con algunas que no has usado aun.- mostrándole las plantas en cuestión.

-¡Pues mira, la verdad que siempre pensé que el *recao* era solo para darle sabor a los caldos y a esas habichuelitas tan ricas que haces! Seguimos.

-Ok. Del cilantrillo puedo decirte que Tata siempre me enseñó que ayuda contra los espasmos y con los gases. Se dice que ayuda con la digestión, por eso lo uso en casi todas las comidas también. Además que le da un sabor exquisito.- explico mientras aprovecho a limpiar un poco las plantas y quitarle algunas de las hojitas que tienen secas.

-Esta que ves aquí es albahaca *morá* o en buen español, morada. Pues la usamos en teses para los dolores de cabeza y cuando duelen los oídos se aplican unas gotitas de la infusión. No es mágica, pero hace bien su trabajo. De estas plantas hay par de variedades, recuerda que no soy agrónoma o doctora naturópata, así que toma con cuidado las cositas que te estoy diciendo. Lo más que puedo enseñarte es el conocimiento que he adquirido a la vieja usanza de cada variedad. No es lo mismo usarlo en casa que recetarlo a las personas por allí. ¿Ok?- añado.

-Mira mami, las recetas que nos enseñan que debemos darle a nuestros pacientes, son basadas en el conocimiento de otros. Yo no sé si una u otra medicina realmente funciona, pues aún no he practicado la medicina lo suficiente y no puedo decir que lo he confirmado por mí misma. Pero eso sí, puedo dar fe de estas cosas que me dices, porque lo he visto aquí y en toda la gente de la montaña. Lo que voy a hacer es aprender más y más para poder confirmar la eficacia y recomendar sus usos a todo el que pueda. ¿Por qué es que cuando viene el curandero por allí todo el mundo le cree lo que dice? Eso sí es peligroso, a veces hace unos mejunjes y unos brebajes que huelen a muerte. ¡Sabrá Dios de todos los que se han muerto por acá a causa de los supuestos remedios de los curanderos y no a causa de la fiebre y las enfermedades *persé*!

-Ok, ok, ok, vamos. Esta plantita es menta. La menciona la Biblia también. Así como la ruda, el eneldo, el comino y otras más. Pues sabes que la menta la usan para el mal aliento, especialmente cuando es causado por problemas digestivos y a nivel estomacal. Tata me enseñó a usarla para la flatulencia y como un antiséptico cuando tenemos cortaduras o *raspazos* también. La recuerdo muy bien, pues cada vez que me golpeaba por estar cabreando con Roberto, ella me curaba con esto y el famoso alcoholado que tenía en la nevera.

-¡Tremendo mami, esto está bueno, me fascina de verdad!

-Pues ya que lo mencionamos, vamos a aprovechar y a hablar un poco del famoso e insustituible alcoholado. Aquel árbol que ves allí es malagueta. Fermentamos la hoja para hacer alcoholado. Ya sabes que el alcoholado es milagroso. Lo usamos para muchas cosas, para la artritis, para la artritis reumatoide, para las picadas de insectos, las fiebres, los resfriados, catarros, monga rompe huesos, los espasmos y para mil cosas. ¡Esto sí es una maravilla! ¿Cómo lo hacemos? Pues cada cual tiene su receta, te comparto la mía. Yo lo prefiero con romero y menta. Machacas unas hojas de romero y de menta, añades alcohol y un poquito de agua en un envase y lo sellas. ¡Si es de cristal mucho mejor! Lo mueves y lo dejas 15 días, moviéndolo un poco cada día. Luego lo filtras en otro envase limpio y allí tienes tu alcoholado de romero y menta para las coyunturas, músculos, dolores de cabeza, hongos de los pies y todos esos tremendos usos.

-¡Wow, interesante mami! ¿Y la malagueta?- pregunta.

-Claro que si, *mi'ja*. Para llevarlo a otro nivel y curarte hasta los piojos, le incluyes hojas de malagueta, fideíllo, hojas de eucalipto, árnica, *vicks* y así tendrás tremendo ungüento para los dolores musculares y los dolores en las coyunturas. Vamos a hacer un alcoholado en estos días para que pongas en acción la receta, sino se te olvida. Puedes refinarla según lo que tengas disponible.

-Bien que si mami, la única manera de aprender verdaderamente es haciendo las cosas uno mismo.

-Así son las cosas *mi'ja*, eso es así. Hablemos de otras plantas. Unas son anti-inflamatorios naturales, como el extracto de lavanda y la cúrcuma que es familia del jengibre, creo. Otras son analgésicas como la cáscara del sauce y el laurel. Y otras son antioxidantes naturales. Los diuréticos son buenos para reducir la cantidad de líquido en las articulaciones o en las áreas inflamadas, así como el ajo y el maguey y lo usamos en teces. Apunta bien en tu libreta para que hagas tus averiguaciones en la biblioteca de la universidad. Allá debe haber buenos libros de medicina natural que puedas usar de referencia. Lo malo es que si lo escribieron en otro país, las plantas las conocen por otro nombre y eso lo hace más difícil para aprender o identificarlas. Y mucho ojo, muchas de las plantas se parecen entre sí o se parecen a otras plantas que no sirven para nada o hasta que pueden ser nocivas a la salud. Recuerda que en caso de duda, se saluda.

-Podemos estar hablando de estas plantas todo el día si quieres. Allí tienes la sábila que utilizamos especialmente para el catarro, problemas estomacales o de estreñimiento, problemas de la piel, quemaduras y cuantas cosas más. Por allí la flor de la amapola la utilizamos para calmar la ansiedad de los que se desesperan, por ejemplo cuando un familiar fallece. Ah, y como es una flor, debes colectar unas pocas y tener un poco de infusión guardadita en la nevera, no vaya a ser que cuando haga falta no hayan flores disponible en la planta. No la vayas a confundir jamás con esa flor de campana, esa sí que no la usamos. Esos teces vuelven locas a las personas, le queman las neuronas. Las tengo allí porque son de las pocas flores que me llaman la atención. Por allí, de la cáscara de ese guayacán, dicen que trata la sífilis, pero no me estoy segura de eso, porque no me ha tocado experimentar con ella. Ahora, esta sí, esta es insulina. Nada mejor para prevenir la diabetes que mascar par de hojitas de esta planta par de veces en la semana. Mejor picarla en trocitos y tragarla, porque mascarla no está fácil. Aquella que ves allí, la de los tallos duritos con muchas hojitas bien verdes, esa que ves como un tumulto brotando de la tierra, esa es jengibre y esas sus raíces. Lo has usado muchas veces para relajarte, también se usa para el estómago, la ansiedad, los espasmos menstruales y muchos remedios más. Puedes cosecharlo cuando las espigas se comienzan a secar, es lo mejor. Nos gusta mucho lo picante de su sabor y para consumirlo no hay que estar enfermos. En agua es bueno, pero en leche con miel es muchísimo mejor. ¡Recuerda que no hay nada mejor que la prevención! Si nos acostumbramos a tomar diferentes teces todos los días, estaremos previniendo muchas dolamas o condiciones sin darnos cuenta. Los indios taínos usaban muchas de estas plantas según nos enseñaban en la clase de historia en la escuela cuando éramos pequeños. Esta que ves aquí es la famosa valeriana. Hay variedad, la que ves aquí tiene flores pequeñas con centro rosa pálido. La usamos como un sedante con toronjil, salvia y romero, que es aquella. Cuando no puedo dormir, cuando estoy muy ansiosa o preocupada por algo, un palo de este té y *bye, bye,* piojitos. Ojo, aprovecha las inflorescencias, coléctalas y guárdalas en la nevera para conservar la frescura. En tu caso, vas a necesitar bastante para poder hacer lo que quieres. Después bregamos con eso.

-Bien que si mami, vamos a tener que hacer una talita más grande cuando venga para quedarme acá. Lo mejor va a ser sembrar en tiestitos y facilitárselo a las personas según sea la necesidad, para que tengan el remedio en sus propias casas.

-¡Así es *mi'ja*! Bueno, ese es el árbol de eucalipto. Un puñado de hojas lo podemos añadir al yanten y al tomillo, esto es excelente para el catarro y muchas condiciones de los pulmones y asuntos de las vías respiratorias. Muy bueno para el asma, también el limón, la miel de abeja y la sábila. Y como te mencioné, uno de los ingredientes principales en el alcoholado.

-Esa hoja ancha es ruda y la usamos para las piedras en el riñón, junto con Juana la Blanca. Esas hojas alargadas que huelen rico es limoncillo, no la confundas con yerba de guinea. Se parece pero la yerba de guinea no tiene este rico aroma y es para los animales, junto con el malojillo, el coítre y el bejuco de puerco; je, je, je. El limoncillo lo usamos en té para el catarro y la monga. Aquella de allí de florecitas blancas con el centro amarillo es manzanilla y junto con aquella de tilo, son maravillosas para calmar la ansiedad y conciliar el sueño. Aquella es yerbabuena para malestares estomacales y aquella de hojitas lustrosas y redondeadas, es

190

plenetaria, que también las usamos para el estómago. Las hojas de naranjo hacen un buen té para mantenerse relajado y con sus florecitas hacen la famosa agua de Azar. ¿Apuntaste eso?

-¡Si mami, estoy anotando hasta los suspiros!

-¡Comadre, comadre! Comadre, venga, venga que Matilde va a parir. ¡Corra comadre!- sube gritando la *comay* Petra.

-¡Cálmese mujer, ya voy, no se alarme tanto! ¡Pareces primeriza!

-¡Pero avance comadre, avance, no hay comadrona como usted, venga, avance!

-¡Dios mío mujer, cálmese, todo va a estar bien, déjeme prepararme! ¿Qué pasó, ya rompió fuente?

-¡*Asina* mismo, comadre!

-Pues vaya tranquila a su casa, saque unas sábanas limpias y ponga a hervir agua en el fogón. Deje a Javier con Matilde que tan pronto me asee un poquito, te caigo como un rayo.

191

¡Pero haga caso mujer, vaya caramba, que voy pisándole los talones!

-Corre Valentina, búscame una camisa limpia en lo que me lavo un poco, trae las tijeras y el paquete de gazas que están en el *closet* del pasillo, están en una cajita gris.   Hoy te vas a encargar de tu primer parto de campo, ¡qué suerte la tuya! ¡Aaahhh! Y el maletín que está al lado del sillón, tráelo también por favor.

Deben ser las nueve de la mañana o algo así.   Matilde es hija de Doña Petra.   Una muchacha muy linda y agradable. Su esposo Javier es muy trabajador y gracias a Dios se casaron por la iglesia.   Ellos viven con Doña Petra y Francisco, la casa es grande y los acomoda muy bien a todos.   Aún tienen espacio para la nueva criatura y sabe Dios cuantas más.

-Aquí tienes mami. ¡Vamos!- regresa Valentina como un relámpago.

-Ok. Nunca olvides que quien pare es la *preñá* y quien nace es la criatura.   La madre hará lo necesario para parir por instinto y el niño va a hacer lo suyo propiamente, es un proceso natural.   Debe acomodarse en la posición correcta para que su cabecita pase por el hueco de la pelvis. Si forzamos el parto, se maltrata el bebé y sufre mucho más la parturienta. Debes aprender a identificar las contracciones, los ciclos, entender lo que ves para poder hacer lo que debes hacer. ¡Ven, sube rapidito!- le digo mientras nos apresuramos a llegar a casa de la *comay* Petra.

-Tú sabes todo esto, pero a veces se nos olvidan las cositas por la presión del momento. Es súper importante la limpieza, ustedes le llaman *asepsis* o algo así. Así podemos prevenir algunas infecciones, que son tremendo problema y pueden causarle la muerte tanto a la madre como al niño. Me parece que en el hospital debe ser mucho más importante, pues hay bacterias de todos tipos por los pacientes que tratan. Además, eso está *encerrao* allí dentro del hospital todo el tiempo. Hasta ahora no ha sido gran problema en los partos que he atendido, siempre y cuando trabajemos limpio y usemos agua caliente y alcohol para desinfectar.

-¡Llegamos comadre, llegamos!

- Suba, estamos en el cuarto del final del pasillo. Está limpio y aquí están las sabanas que pediste. Javier ya había puesto a hervir el agua, debe estar lista en unos minutos.- exclama desde el final del pasillo.

-Buenos días familia, buenos días Javier.

-¡Hola Valentina, que gusto verte, qué bueno que pudiste venir! –dice Javier.

-Hola Lina, gracias por venir.- dice Matilde con su mirada pesada y toda sudorosa.

-Hola Valentina, me alegro verte. No pude bajar anoche porque me sentía muy cansada y además tenía estos pies muy *hinchaos*.- comenta Matilde a Valentina mientras muestra evidente dolor por las contracciones.

-No te apures Matilde, aquí estamos y lo importante es que estés bien. Todo va a salir de maravilla, ya verás.- responde Valentina.

-Claro, tengo a la mejor comadrona de estos montes y además está acompañada de mi doctora personal.- exclama sonriente.

Todas reímos mientras le acomodamos unas sábanas bajo sus piernas para mantener el área limpia. Valentina y yo nos lavamos las manos con una solución antiséptica y nos ponemos a trabajar. Comienzo por revisar el útero.

-Has dilatado 8 centímetros Matilde. Ven Valentina, ¿estás lista?- digo echándome a un lado para soltarle responsabilidad.

-Sí, estoy lista.- responde llena de emoción.

Valentina está un poco nerviosa, pero jamás como lo estaba yo en el primer parto con Doña Rafaela. La velocidad, el ajoro, el calor, los gruñidos de dolor de Matilde, la inexperiencia la hacen sentirse muy excitada. Pero como tiene experiencia en su internado, jamás será una experiencia tan difícil como lo fue para mí la primera vez. Además, ella ha visto esto en otras ocasiones cuando me la he tenido que llevar conmigo a otros partos.

-Ven a verificar el útero. Suavemente palpa la entrada del útero y abre tus dedos índice y medio para aproximar cuanto ha dilatado. Debes saber identificar cuanto ha dilatado para seguir el ritmo del parto y que no nos tome por sorpresa la venida de la criatura.

Valentina palpa, saca la mano y me dice:

-Como así ha dilatado. – haciendo *seña* de la distancia que había medido con sus dedos.

Todas comenzamos a reír por su ocurrencia de señalarnos la medida aproximada que sintió allí adentro. Ella también se ríe, pero su risa está cargada de nerviosismo y algo de tensión. De la teoría a la práctica hay un largo trecho.

-Claro *mi'ja*, son como ocho dedos de separación, son como ocho centímetros. Todavía la cabecita del bebe no cabe, pero muy pronto nacerá. Busque el agua caliente, hay que desinfectar los utensilios. Valentina, ya sabes que los procesos de parto no son fácil. Nos producen mucho dolor y muchas mujeres reaccionan de diferente manera. Depende mucho de la posición del feto, por lo cual debes asegurarte siempre que está en posición de nacer. Si se atrasa, debes palpar alrededor de la cabecita con mucho cuidado para ver si no tiene el cordón umbilical enredado en el cuellito o en la cabeza. Apoya a la parturienta en todo momento y motívala a pujar en el momento preciso. No te preocupes por hoy, la experiencia misma te ayudará a mantenerte relajada en las situaciones más difíciles. La vida de ambos descansa en que tengamos calma y tomemos las decisiones que hay que tomar en el momento preciso. Mi primer parto fue muy difícil para mí también. ¡A decir verdad, fue brutalmente difícil para mí!

Un poco de momentos intensos y las lágrimas de alegría fluían al canto del llanto de la nueva criatura que recién vino al mundo. Un hermoso varón, muy velludo, tanto que le cubría la frente y todo su cuerpecito como muy fina lana. Valentina también lloró de la alegría, estoy segura que volvió a nacer cuando por fin el niño estaba mamando en el pecho de su madre. ¡Lo demás es historia!

-¡Madre, que experiencia tan espectacular, que alegría siento! Me siento tan feliz, tan regocijada. Jamás había experimentado este sentimiento en toda mi vida. A la verdad que una cosa es la teoría y otra cosa es lo que he vivido. Tú no habrás estudiado en la universidad, pero te mereces un doctorado *Honoris Causa*.

-¡La experiencia *mi'ja*, la experiencia! Nada te enseña más que la experiencia.

El alumbramiento fue el tema de conversación en nuestro hogar el resto de la tarde. Durante la noche planificamos el

197

recibimiento de Gustavo y su familia, que será este próximo domingo. Nos pusimos de acuerdo en dar nuestra mejor presentación, pero sin dejar a un lado nuestra proyección campestre. Después de todo, es él quién debe convencernos que puede con nuestra niña, con esta vida y con este ambiente. Sin fingir, sin forzarlo, simplemente la realidad de la vida de campo. Una vida humilde, dura, sin lujos ni vanidades. ¡Ya veremos!

La mañana siguiente y los demás días de la semana los aprovechamos en las clases de botánica y en las visitas post-parto de Matilde. Todo le va bien gracias a Dios. Es una chica fuerte y ese machito salió duro como su padre. Doña Petra está que baila en la cabuya, como trompo en torbellino. Además a Valentina le viene bien ir calentando un poco ese estetoscopio y sus otras cositas de la práctica de medicina. Tiene un otoscopio que usa para mirar dentro de los oídos, nariz y boca que la hace ver mucho más profesional de lo que jamás podía visualizarla. Me imagino cuando tenga su bata puesta, si es que la use en estas visitas, aunque realmente lo dudo, porque no es la usanza y como que no cuadra con el ambiente.

El padre y el abuelo de la criatura no se ponen de acuerdo en el nombre. El padre quiere llamarlo Sebastián y su abuelo quiere llamarlo Francisco, pero Matilde determinó que Sebastián se llamaría. Y como la gallina es la que cuida los pollitos, Sebastián se quedó el nene. Es lo mejor, para mí es un nombre más bonito que Francisco.

También hemos hablado de muchas plantas y de muchos remedios. Hemos visitado a unas cuantas mujeres *preñás* en el área y Valentina está adquiriendo mucha experiencia. Esa preparación la ha ayudado a aprender rápido y detectar todos esos detallitos que hacen la diferencia entre complicaciones y complicaciones.

* * *

Los días han pasado muy rápido, tengo una represa de pensamientos agolpados en los inmensos gaviones de mi corazón. La verdad es que no he tenido tiempo en privado para sentarme en mi vieja silla hasta la noche de hoy. Y aquí estoy, tratando de organizar este armario de *casquivaches* mentales. Debo abrir un poco las compuertas de mi alma o voy a desbordarme sin control. Hoy Valentina está muy atareada en la víspera de la visita de Gustavo. Mañana viene con sus padres y para mi sorpresa, me siento más tranquila de lo que hubiera esperado. Venga visita o no, mantengo la casa presentable y en orden, en la medida que es posible. Aprendí eso desde muy joven, de esa forma eduqué a Valentina y por eso puedo sentarme serenamente a degustar sorbos de esta brisa tan agradable que está fluyendo hoy.

Es una noche hermosa, aunque debo confesar que si pudiera le bajaría un poco el volumen a esta orquesta filarmónica de grillos, chicharras, coquíes, ranas y cuanto insecto se une a ella. Al parecer no tienen director, tampoco creo que sigan ninguna partitura en particular. Me sorprende mucho cómo pueden seguir existiendo en tantos números, sin aparente organización, sin control, sin armonía. Pero de alguna manera Dios los ha capacitado para vivir así. Como no puedo callarlos y no puedo bajarles el volumen, entonces escucharé con atención los gritos de mis pensamientos, voces que pudiera escuchar entre enormes cañones, tan fuertes como estruendos de la corriente de un río crecío. Ellos ahogaran todos estos sonidos de la noche y mi cabeza será la concha acústica del concierto de mi corazón. Sin notas, sin pentagrama, sin compases, sin ritmos, sin contratiempos, sin acompañamientos, sin crescendos o decrescendos ni esas cosas de la música profesional. A diferencia de ellos, le vendría bien un poco de organización a estos lirios que arbitrariamente germinan en el jardín de mis memorias.

Hoy me siento como ganadera. Sí, o por lo menos eso creo, aunque nunca he ejercido esa ocupación. Pero por estas montañas y en estos campos es el pan nuestro de cada día. Dicen que de la abundancia del corazón, habla la boca, por eso pienso de esta manera. ¡Las cosas como las veo! Si no dejo salir estas aguas, creo que la inundación de pensamientos crearía tremenda devastación. ¡Pues sí, como ganadera me siento! Una ganadera que no ha atendido a su ganado en toda esta semana. Lo he dejado pastar libremente, a su merced. Antes los acochaba cada noche al *cercao*, pero esta semana no he podido hacerlo. Ahora tengo un problema muy serio. Me he sentado en mi vieja silla, los llamo para que vengan, pero ya no vienen en fila como acostumbraban hacer. Hoy están desbandados, cada cual por su lado. Unos en la colina, otros en laderas, otros están bebiendo en arroyos y otros simplemente descansan fatigados bajo una reconfortante sombra de un guayacán. Tengo que *cochearlos*, ajotarlos al cepo, para obligarlos a entrar al corral de mi voluntad. Tengo gravísimo problema, aquí sentada, sola con una manada de ideas que corren a su merced. ¡Pero ya sé que hacer! Los voy a traer uno a uno por los cuernos y luego que los tenga a todos aquí adentro, controlados por mi voluntad, entonces iré inspeccionándolos individualmente, *jartándolos* de *melao* y verificando su condición, su estado. ¡Ese es el truco, no pueden resistirse al olorcito del melao! Cuando venga el primero, los demás seguirán en filita india, uno detrás del otro.

-Mamá, ¿quieres una tacita de té calientito?- grita Valentina desde la cocina.

¡Oh, oh! Por lo que veo vamos a tener que posponer esto una vez más. Ni modo.

-Claro *mi'ja*, te lo agradezco.

-¡Yo también me apunto!- grita Ricardo.

Luego de unos minutos, tratando de retomar mis reflexiones, me convenzo que voy a tener que suspender la búsqueda del control en esta noche. Pensé que esta noche sería más mía, pero definitivamente ya no soy dueña de mis pensamientos, por lo menos por ahora. Al menos no mientras me los ajoten cada vez que se están acercando al *cercao* de mi conciencia. Esto no quiere decir que desee que

Valentina vuelva a la ciudad, eso jamás. Lo que me enseña es que tengo que aprender a dejar este mal hábito, esta mala costumbre de jugar a la psicóloga conmigo misma. Si sigo así, puede que algún día pierda la conexión con la realidad sin darme cuenta. A la verdad que voy a tener que tomar acción y pronto, necesito una fuente de desahogo, necesito alguien que pueda analizar lo que me ha estado sucediendo en los últimos años y que me diga si es normal esta conducta antes de que vaya a ser demasiado tarde.

-Toma mami, te lo preparé con mucho cariño, como te mereces.

-Gracias mi amor, lo sé. ¿Le hiciste el de tu papá?

-Sí, ya viene por allí a compartir un ratito.

De allí en adelante la normal tertulia de la noche. Dialogamos de los pormenores de la esperada visita, los planes de mañana y cositas así. Valentina está muy ansiosa y nosotros empezando. ¿Por qué negarlo? Esto es algo muy serio, espero que hagamos bien lo que tenemos que hacer.

Le comento a Valentina mi preocupación por la visita de

203

su amado. No estamos acostumbrados a tratar con personas de la loza, por así decirlo. Lo menos que quiero es hacer sentir mal a Valentina o incómodos a nuestros invitados. A lo cual me dice:

-No te preocupes mami, Sócrates dijo que *conocerse a uno mismo es el principio fundamental de la verdadera sabiduría humana*. Y como tú te conoces muy bien, no tienes nada que temer. Me imagino que ellos si deben estar bien preocupados por agradarle a ustedes. Así que tranquilita, que son personas muy lindas y humildes. Todo va a salir bien, ya verás.

-Veo que mantienes tus lecturas de grandes pensadores de la historia.

-Claro. Esta semana estaba leyendo sobre Confucio. Dijo una frase que me gustó mucho: *Saber que se sabe lo que se sabe y que no se sabe lo que no se sabe, eso es verdadero saber...*o algo así. En fin, sabemos lo que sabemos y sabemos que lo sabemos. Seguiremos haciendo lo que sabemos hacer bien y evitaremos lo que sabemos que no sabemos hacer. Como sabemos que sabemos esto, haremos lo que nos dice el saber.- me dijo antes de estallar en risas por su nuevo trabalenguas.

204

-Ja, ja, ja. ¡Pero qué baboserías dices! Espero que mañana no vengas con esas cosas delante de tus futuros suegros, van a pensar que se te está yendo la chaveta. Y a ese doctor hay que traerlo *pa'cá* a como sea.

Tercer Capítulo

"La riqueza no está en las arcas colmadas sino en los corazones henchidos. No en la casa suntuosa, sino en la morada siempre abierta llena de la luz ungida de la hospitalidad"

Abelardo Díaz Alfaro

M amá, veo el coche que viene de camino. Vienen lento, pues no se ve el polvorín que levanta papá cuando viene bajando. Tienen que estar esquivando los hoyos del camino o súper pendientes para no pasarse la entrada de la finca. Me gustaría saber cómo se está sintiendo Gustavo en estos momentos, pues yo me muero de ansiedad por que llegue, me muero por verlo, ji, ji, ji.

-*Mi'ja* disimule, que a los hombres no puedes dejarle ver tan claramente esas emociones. Vaya despacio que se *esboca*, deje que la intriga lo consuma a él, esa es la única manera para que lo tengas comiendo de la palma de tu mano. Recuerda que las pulgas se esconden bajo el pelaje. Estás que se te salen las babas, como perro muerto de hambre mirando a un jamón.- le digo seriamente, pues a la verdad que me incomodó un poco verla tan derretida por un joven que ni siquiera yo he conocido.

-¿Y tú de que te ríes, ah?-le digo a Ricardo. No seas muy *leniente*, pasa juicio, que tú sabes que está el lobo a chorrete, a mil por chavo.

-Tranquila Lina, no te preocupes tanto. Disfruta de la vida. Recuerda que hoy es un día especial para la niña y debemos ser más cuidadosos que nunca en todo lo que hagamos y digamos.

Acepté el consejo de mi marido, tengo que aceptar que los nervios me han puesto un poco tensa, pero todo estará bien. Al fin el coche da vuelta a la derecha en la entrada de nuestro camino. Espero que los caminos áridos de estas montañas no le hayan incomodado demasiado. Acá no hay las carreteras de asfalto de la zona metro, ni esos lujos y comodidades a los que deben estar acostumbrados. ¡Bueno, tarde que temprano llegaron de igual manera! Se acerca el carro, sonrisas y saludos son la orden del día. Definitivamente es un galán el joven. Y a juzgar por las miradas, definitivamente están bien *enamoraos*.

-¡Buenos días!- dice Ricardo. ¡Bienvenidos a nuestra humilde residencia! ¡Siéntanse como en su casa!

-¡Buenos días! Usted debe ser Don Ricardo. Mi nombre es Flavio Roldán, padre de Gustavo y es para mí un placer conocerle.- dice mientras se quita el sombrero en acto de caballerosidad y de respeto.

-Buenos días Señora, es un placer estar aquí y poder presentarle a mi hijo Gustavo y a mi esposa Jimena. Él es mi hijo Gustavo y si me lo permite, debo decirle que ustedes viven en un cantito de paraíso de esta nuestra hermosa Isla del

209

Encanto. Está hermoso el paisaje, esto es el verdadero Puerto Rico. Bien dijo José de Diego: *Quien busca la belleza en la verdad es un pensador, quien busca la verdad en la belleza es un artista.*

-Bien que si Don Roldán, bienvenidos. Es nuestro el placer de recibirles en nuestra humilde propiedad. Y sí, los campos de nuestra isla son un encanto, un paraíso que solo los que se aventuran a salir de la ciudad pueden disfrutar a plenitud. – dice Ricardo.

-Buenos días Doña Jimena, buenos días Gustavo, gracias por venir. Siéntanse como en su casa. Ella es mi esposa Lina y ya conocen a Valentina. Le estábamos esperando con ansias. – añade.

-Buenos días Doña Lina.- dicen todos por turno.- Buenos días Valentina.

-Bienvenidos a casa- respondiendo. Es un privilegio tenerles aquí. Anda, pasen, pónganse cómodos. Ha sido un viaje largo y deben estar cansados. Además los caminos están malos por las lluvias de las pasadas semanas. Espero que no hayan tenido inconvenientes y hayan disfrutado del panorama, la vista de las cascadas y la hermosa naturaleza que nos rodea por aquí.

-Bien que sí Doña Lina, esta zona es hermosa de verdad. Hacía años que no nos tomábamos el tiempo para darnos un buen paseo por estas bellas montañas. La ciudad es como una cárcel que nos mantiene encerrados en ella. ¡Qué bueno que pudimos fugarnos por un ratito y que ustedes accedieron a la petición de nuestro hijo para recibirnos!- dice Doña Jimena.

-El placer es nuestro.- contesto sonrientemente.

Los Roldán han resultado tal y cual Valentina los había descrito. Gente sencilla y respetuosa. Muy educados, por cierto. Se les nota en sus rostros el gran deseo de sentirse aceptados en nuestra familia. ¡Debo imaginarme que Gustavo tendrá mucho que ver con esas actitudes!

-Buenos días señora, buenos días señor. ¡Yo soy Gustavo, para servirle!- dice Gustavo mientras nos extiende la mano para saludarnos.

Me da un poco de gracia la frase que acabo de escuchar, pero no dejo que se me note lo cómico que encuentro él *para servirle*. Me parece frase de mozo, de mesero. Me imagino las veces que practicó esa frase para decírnosla, sin darse cuenta de lo graciosa que iba a sonar.

-Hola Gustavo, ¿cómo está?- contesto mientras extiendo mi mano para saludarle.

-¡Hola, bienvenido!- contesta Ricardo.

-Vengan pues, les preparé un rico maví para que se refresquen de estas calores.- digo mientras los dirijo hacia la casa. También tenemos guarapo de caña y juguito de parcha bien *friíto*. Lo que prefieran tomar.

Mientras cumplimos con todos los protocolos de la ocasión, Valentina y Gustavo se saludan y se apartan un poco para hablar con más privacidad. Los restantes nos dedicamos a dialogar de cuanto tema se nos viene a la mente. Al fin y al cabo, en este tablero de ajedrez, aunque no queramos aceptarlo, somos nada más que peones y nuestros reyes han tenido a bien tomarnos en consideración para informarnos del *jaque mate* que viene en camino. Debemos estar muy agradecidos que tienen la cortesía de tomarnos en cuenta para esta decisión tan importante. Les sirvo su buen vaso de maví a cada cual y luego de mil halagos continuamos con nuestra ansiada tertulia.

Resulta que a Doña Jimena le gusta mucho la naturaleza y ha mostrado gran interés por mis plantas.

-A la verdad que en nuestro país estamos perdiendo mucho estas cosas y a pasos agigantados. No por gusto propio, es que no tenemos quien nos enseñe. Yo ni siquiera puedo reconocer una planta de manzanilla, aunque uso constantemente los teces que compro en el supermercado. Me imagino que un té de las flores frescas debe ser sabroso y mucho más efectivo.- dice Doña Jimena.

- ¡Oh, por supuesto que es más efectivo y también sabe mucho mejor! A eso le añade la satisfacción de haberlo sembrado y la disponibilidad de tenerla a la mano para cuando lo necesite. La mayoría de estas hierbas son perennes y *resilientes*, el mantenimiento es mínimo. Un poco de agua por la mañana y desyerbar alrededor cuando sea necesario. Hasta puede tenerla en un tiesto en la cocina, cerca de la ventana donde le dé un poco de sol.

-Pues a la verdad que debo intentarlo. Si me enseña, puedo

213

llevarme unos hijitos, si tiene alguno disponible.

-Pues claro que sí, ¿cómo no? Cuente con eso y más adelante le voy a enseñar mi tala de plantas medicinales. Por el momento, vamos a la mesa, pues tenemos preparado un maravilloso almuerzo para recargar las baterías.

Valentina estaba en la cocina preparando la mesa para nuestros invitados. Estas atenciones las voy a extrañar mucho cuando vuelva a irse para la universidad. Ahora más que nunca debo acostumbrarme, pues esto va muy en serio. Sacamos nuestra mejor vajilla, aquella que tiene flores rosadas con diferentes tonalidades de azules y un borde dorado alrededor. Esta vajilla solo la utilizamos para ocasiones especiales. El resto del año está en el armario del comedor. ¡Pero hoy es una ocasión verdaderamente especial! Hasta ahora, la primera impresión que he recibido de Gustavo y su familia es muy grata. Ambos son jóvenes adultos y es más que gratificante que tengan intención de hacer las cosas como Dios manda. Gustavo es de bonita apariencia y muy educado. Lo noto algo tímido y pisa firme en cada paso que da con intención clara de impresionarnos positivamente. Me agrada el chico, espero que le agrademos a él y le agrade el ambiente de estas montañas, porque de lo contrario para ningún lado es que va.

-¡Vengan, vamos a sentarnos a la mesa, acompáñennos, en confianza! Como todo tiene su tiempo, ha llegado el tiempo de almorzar. Vamos a gozar de un menú sabrosísimo.- dice Valentina.

Una vez sentados a la mesa, Valentina trae el arroz con gandules, mientras yo llevo el fricasé de pato. Hemos decidido acompañarlo con ensalada verde y un buen jugo de naranja con azúcar negra. Cuando tenemos todos los platos en la mesa, Ricardo pide su espacio para hacer su tradicional oración de acción de gracias. Yo estoy muy pendiente a cada reacción, a cada gesto. Parece que ellos están acostumbrados a estos ritos, pues dieron gracias a Dios por los alimentos con serena conformidad. Una vez terminada la oración de gracias, comenzamos a servirnos cada cual nuestra deseada porción.

-A la verdad que si sabe cómo huele, me como hasta el *pegao.*- dice Ricardo.

Don Roldán se ríe por el viejo adagio, que Ricardo tiene *quemáo* y se sirve su buena porción de arroz.

215

-Le acompaño los sentimientos Don Ricardo.- dice Don Roldán.

Al momento de servirse el fricasé, Valentina le dice:

-¿Sabe que casi todos nuestros alimentos los producimos en nuestra finca? Muchos otros los obtenemos de nuestros vecinos, se los compramos o hacemos algún trueque por ellos, ya sabe, las verdes por las maduras.

-¡Tremendo! No todo puede comprarse con dinero.-dice Doña Jimena.

-El arroz está exquisito, la felicito Doña Lina.- añade Gustavo.

-Gracias, los gandules son de la última cosecha de Ricardo. Los *esgrané* yo misma, que lo disfrute. El rico sabor se lo dan las yerbas de mi tala. Si desea, le comparto la receta más adelante.

-Por supuesto, claro que sí.

-El fricasé es con nuestros propios patos y la ensalada también es con los productos de nuestra siembra. Esa lechuga roja se

216

nos dio muy bien este año, gracias a Dios.

-Bueno, a lo que vinimos, ya tendremos mucho tiempo para conversar de todas esas cosas y muchas más.- dice Ricardo mientras mira a Gustavo y a Valentina con un tono más serio de lo habitual.

Bajó por el plato, creo que no ha mostrado toda la ansiedad que siente con este asunto. Todos nos quedamos petrificados por unos segundos, el corte de la conversación fue tajante, se detuvo en seco. Aunque me siento incómoda por la forma abrupta de abordar el tema, no digo nada. ¡Camino malo se anda ligero! Creo que quiere mostrar su autoridad y mantener el control de la visita. Se nota la ansiedad en el rostro de Valentina y el nerviosismo en el rostro de Gustavo. Se miran como haciéndose mil preguntas de cómo comenzar y entonces Valentina toma la palabra.

-Hay papi, Gustavo se ha quedado *pegao*, no lo asustes de esa manera, por favor.- dice tratando de soltar la tensión que se ha formado en el ambiente.

-No te preocupes *mi'ja*, él debe estar preparado para esto y para mucho más.

217

Sudoroso y temblando como gelatina en terremoto, Ricardo inhala un sorbo de aire, suspira y toma la palabra. ¡Pobre muchacho, está como tres en un zapato!

-Bu... Bu...Bueno. Primeramente, le doy las gracias por tener a bien recibirme en su hogar, junto a mis padres y brindarnos tan acogedor ambiente. ¡Doña Lina, el almuerzo está exquisito! ¡Don Ricardo, le felicito por su hermosa familia y por lo hermosa que tiene su finca! Mami, papi, gracias por acompañarme en el día de hoy. Doña Lina, tienen una linda heredad y este aire puro es de envidiarse. Siempre me ha gustado el campo. También me gusta la ciudad, pero no se respira este maravilloso aire lleno de vida. Es un privilegio conocerles hoy, por lo cual me siento muy alegre y dichoso.

Mientras hace su alocución, me da la impresión de que le estaba dando largas al asunto. Siento deseos de decirle que se deje de tantos rodeos, que está dándole más vueltas al asunto que ráfaga de torbellino.

-¡Gustavo! Puedes ir al grano, no hay problema. ¿Qué es lo que realmente has venido a decirnos?- dice Ricardo.

Pobre muchacho, debe sentirse como tres *pa'dos*. Siento un gran deseo de abogar por él, pero es necesario callar para ver cómo reacciona y poder conocerlo mejor. Después de todo, es el bienestar de nuestra niña el que está en juego en esta relación.

-Pues vea Don Ricardo, hace casi un año que conozco a su hija Valentina. Como debe saber, entre nosotros surgió una linda amistad, con el tiempo nos enamoramos, decidimos darle paso al noviazgo y aquí estamos, para presentarnos formalmente ante ustedes, como debe ser, como ustedes se merecen y nuestros principios dictan. Mis padres, aquí presentes, me educaron de tal forma y en honor a esa educación y en honor a Valentina, anhelaba presentarme ante ustedes para pedirles la aprobación de nuestro noviazgo. Nuestra relación es seria, estable y amo a su hija con toda mi alma.

Mientras dice esta última frase, mira a Valentina y ella se *esmorcilla* de la risa. Él se sonríe, se nota que se siente un poco más relajado y mientras Ricardo observa el panorama con profunda seriedad, continúa diciendo:

-Nosotros queremos formalizar nuestro noviazgo, queremos

contar con la aprobación de todos ustedes, necesitamos su bendición.

¡Wow, con esas palabras ciertamente nos movió el piso! Salió muy *aguzao* el muchacho, apelando a la psicología para derrumbar nuestro muro de protección emocional. Quedamos sin palabras por unos instantes, Ricardo no pudo evitar reírse ante tan intencionada alocución. De hecho, comenzó a reírse a carcajadas, sonaba muy burlón, aunque sé que no se burlaba, solo que le daba gracia sobremanera la forma de expresarse del doctorcito de la ciudad. Hasta el punto que Valentina muy seria le dice;

-¿Qué te pasa papi?

Ricardo sigue riendo, le ha dado tremendo ataque de risa. Me produce risa también, los padres de Gustavo se contagian y Valentina está luchando por mantenerse firme. Está aguantando la risa con todas sus fuerzas, pero inevitablemente es vencida. Se une a la risa colectiva que se ha desatado, como pájaro se une a bandada en vuelo. Para entonces Gustavo es vencido por la sinfónica de carcajadas y se nos une también. Gran *risería* que se ha formado aun cuando tratamos de resistirla. Por más que intentamos impedirla, se hizo camino hasta nuestras bocas, aun en contra de nuestra voluntad. Llegamos al punto en que estamos riéndonos sin saber por qué. Nos miramos, reímos, pensamos en no reírnos más, pero al ver cada cual al que está riéndose, prácticamente se hace imposible detener la risa. Bajan las lágrimas por las mejillas de Doña Jimena y yo empiezo a preocuparme por no perder la capacidad de retener los impulsos sobre mi vejiga, ¡esa si sería una razón genuina para otra ronda de risas y vacilón! Después de todo, reír es maravilloso. No era apropiado reírse sobre la forma en que Gustavo estaba hablando, pero así es la vida, así es el campo. Sin camisas de fuerza, sin muchas formalidades o elocuencia, sin palabras rebuscadas o encomios flatulentos que lo que causan más que impresionar, es risa. Si, pura risa y aquí estamos todos, riéndonos cruelmente de algo tan serio, sin poder contenernos en lo absoluto.

Luego de graciosos minutos de intensa risa, comenzamos a recobrar el aire, a raspar nuestras gargantas, comenzamos a hacer silencio poco a poco, uno tras el otro.

-¡Si no fuera por estos ratitos, y por los días quince!- dice Don Roldán.

-¡A la verdad que me has hecho la tarde!- le dice Ricardo a Gustavo.

-¡Me alegro mucho Don Ricardo!- contesta Gustavo. Esa es la idea. No era lo que tenía en mente, pero qué bueno que todos están contentos.

-No te preocupes muchacho, a la verdad que nos has hecho pasar un rato como hace tiempo no teníamos. De mi parte, te doy la bienvenida a nuestra humilde familia. Esto es lo que te podemos ofrecer. Momentos de alegría sin mucha formalidad. Así vivimos, así es la vida en el campo, al menos para nosotros aquí. Vivimos nuestro día a día, disfrutando cada minuto que la vida nos permita y entre esos minutos de verdadera vida, entonces acomodamos las responsabilidades, los deberes, el trabajo, las preocupaciones y los afanes. Una mano en la azá y otra en el corazón. Lo primero es vivir, comer, amar, compartir, ayudar al prójimo. Lo demás, siempre llega sin buscarlo.- dice Ricardo a Gustavo.

-Añade- Valentina nos explicó sus intenciones y aceptamos con gran regocijo su decisión de estar contigo. Solo te pido que la ames, la respetes y la honres siempre. Nunca le pongas una mano encima y nunca le seas infiel. Al honrarla a ella, nos honras a nosotros, a tus padres y a ti mismo. Cuídala y hagan las cosas como se tienen que hacer. Estamos aquí para ustedes y cuentan con nuestra bendición. Dicen que un hecho habla más que mil palabras y el hecho que decidieras traer a tus padres y presentárnoslos antes que nada, habla muy bien de ti, de tu educación y de tu familia. ¡De ahora en adelante ya no seremos dos familias, somos tan solo una! ¿Ahhh, Don Roldán?

-Pues a la verdad que sí, Don Ricardo y secundo sus palabras. Nosotros adquirimos una hija más y ustedes tendrán a otro hijo. Nosotros vinimos porque Gustavo nos lo pidió, pero puedo decirles que cuando conocimos a Valentina, nos dimos cuenta que es la clase de nuera que todo suegro desearía tener. No estábamos convencidos que Gustavo iba a querer moverse al campo, pero luego de este día, puedo decirles que hasta siento deseos de vivir por estos lares yo también. Es maravilloso respirar este aire fresco, disfrutar de estos paisajes, del reposo del silencio, de la sencillez de la vida.

-Pues ya sabe Don Roldán, las puertas de nuestra casa siempre estarán abiertas para ustedes.- añadí.

-Volviendo al tema, cuéntennos de sus planes, a ver en qué

manera podemos ayudarles.- añade Ricardo mientras les dirige la mirada a la pareja.

El muchacho sigue hablando mientras todos volvemos a nuestro plato porque el hambre aprieta y no podemos dejar que se nos enfríe.

-Don Ricardo, Doña Lina, yo quiero a Valentina de corazón y queremos casarnos prontamente, tan pronto como terminemos nuestras obligaciones de la universidad. Sabemos que tenemos que poner muchas cosas en orden, pero para eso hay tiempo en abundancia. De mi parte, tengo planes de mudarme a vivir acá a la montaña. ¡De todos modos, es la única regla que me puso Valentina! Cuento con el apoyo de mis padres en esta decisión y agradezco que ustedes lo aprueben antes de hacer planes adicionales.- recita Gustavo.

-¿Cuándo específicamente se estarían casando?- pregunté.

-Pues sería en el verano entrante, después que terminemos el internado y la residencia. Para entonces estaremos listos para casarnos.- añade mientras transmite una suspicaz *guiñá* a Valentina.

-Bueno, bueno, bueno, ya tendremos tiempo para poner los puntos sobre las *íes*, por ahora voy a la cocina a buscar un rico flan de pana que preparé para esta ocasión especial.- digo levantándome y caminando hacia la cocina.

Inmediatamente Valentina me sigue y busca los cubiertos necesarios para todos en la mesa.

-Ahora es que esta gente va a gozar de verdad, van a chuparse hasta los dedos con este flan. Este papi es terrible, ¿ah? Hacía tiempo que no me reía así. ¡Aunque me sacó un poco por el techo! Pero es bueno que vean como se bate el cobre acá, así van viendo que aquí sí que se goza.

Nos regresamos a la mesa y comenzamos a servir el exquisito flan. No pasa mucho tiempo cuando...

-¡Mi madre, ahora sí que la puerca entorchó el rabo! ¡Pero qué cosa deliciosa! ¡A la verdad que se guardó el mejor vino para el final! ¡Ahora sí que estoy como goma de *trok pa'viaje* largo! Tengo la barriga más *atezá* que cuerda de piano.- dice Don Roldán.

-¡Gracias por lo que me toca, que les aproveche!

225

No puedo evitar sentir ínfulas de *chef* al escuchar los halagos a mi flan. Es una receta que aprendí de Tata hace muchos años. Lo he hecho tantas veces, que modestia aparte, se ha tornado en mi plato típico. ¡Dicen que la práctica hace al maestro! ¡Los primeros no sabían tan ricos, pero estos sí que quedan como para chuparse los dedos y hasta las uñas!

-La felicito en gran manera, mi paladar se ha dado un manjar en el día de hoy. Si Valentina cocina como usted, Gustavo se va a poner las botas. De todas maneras, hijo de gato caza ratón y de tal palo tal astilla, así que estoy seguro que Valentina tendrá sus habilidades culinarias también. Bien dijera el pensador, el que a buen árbol se arrima, buena sombra le cobija. Por eso nos sentimos dichosos que nuestro hijo haya conocido a tan linda muchacha y que ella nos haya traído a conocer tan linda familia. De hoy en adelante los consideramos nuestra familia también y esperamos corresponderles por todo lo bueno que han hecho.- dice Don Roldán muy emocionado.

Pasan las horas entre tertulias, conversaciones de negocios y política. Está cayendo la tarde y los visitantes han decidido que es tiempo de regresar a la casa. El viaje es largo y han prometido regresar en cualquier momento que se les haga posible. Gustavo y Valentina sacaron su buen rato aparte de la tertulia para dialogar y compartir por el jardín. Yo saqué un buen rato para enseñarle mi huerto a Doña Jimena. Mostró mucho más interés del que me esperaba. Le corté algunos esquejes y le saqué algunos hijitos de las plantitas que me pidió. Ricardo llevó a Don Roldán a ver parte de lo que es nuestra finca, alguito de la siembra, de los equipos, los establos, los corrales de los pollos y no sé qué más.

-Por supuesto Don Roldán, las puertas de nuestra casa están abiertas para cuando gusten regresar. ¡Ojalá sea pronto! Ha sido un gran placer compartir con ustedes y un mayor honor haber disfrutado tanto. Cuidado en el camino y que Dios los bendiga mucho.- añado.

-Gracias Doña Lina. – dice Doña Jimena.

Estábamos muy cómodos los unos con los otros, hasta pareciera que nos conocemos desde hace muchísimo tiempo. Claro que en esto de los amores y los noviazgos hay que andarse con cuidado. Nadie se casa en la víspera, así que debemos esperar a ver si esta relación pasa la prueba de fuego del tiempo. Veremos si es un amor genuino lo que estos dos están sintiendo. Solo el tiempo dirá, lo gritará a *to'pulmón*, porque ni es mudo ni se queda callao. Además recuerda que no hay feo sin su gracia, ni galán sin defecto.

Seguimos el coche con la mirada mientras se va alejando de nuestro pequeño terruño. Las sombras de la noche están acariciando las faldas de las montañas y mientras, observamos la polvareda que deja el vehículo al pasar por los caminos de tierra que llevan al camino principal. La verdad es que hemos pasado un día de película. Valentina está que baila en la cabuya, está más contenta que ratón con dos quesos. Se le nota una sonrisa petrificada en su rostro, mientras Gustavo le lanza saludos ondeando su brazo que saca por la ventana del auto. Creo que todos estamos muy cómodos con esta relación.

-¡Valentina, Gustavo y sus padres son maravillosos! Me alegro que hayas podido encontrar tu media naranja y que su familia resultase tan encantadora. Vamos a pasar momentos inolvidables cada vez que podamos compartir. Tú no te descuides, sabes que el ojo del amo engorda el caballo. Cuida esa relación y terminen sus estudios que para lo demás siempre hay tiempo. – dice Ricardo.

-¿Mamá, qué tal, que te pareció la visita?- dice Valentina.

-¿Qué te puedo decir? ¡La he pasado de maravilla! Son una familia hermosa y Gustavo es un gran ser humano. Te felicito, has traído a casa a un gran muchacho, a un gran hijo y seguramente será un gran médico y esposo. Sabes que cuentas con mi apoyo. Que sea lo que Dios quiera y ustedes decidan. Y ya, me voy a terminar de recoger y a limpiar la cocina.

-Te acompaño.- dice Valentina.

-Yo voy a botar la basura y hacer unas cositas por ahí.- dice Ricardo.

Estando en la cocina, Valentina continúa hablando de cuanta cosa relacionada a los sucesos de hoy. Es de esperarse, de la abundancia del corazón habla la boca. Así pasamos el tiempo mientras recogemos, entre comentarios y risas.

-¡Bueno mami, consumado es! Conociste a Gustavo y a sus padres, ahora puedes estar más tranquila mientras voy a terminar la recta final de mi carrera. En par de días me regreso a la universidad y espero salir de estos estudios ya.

-Tómelo con calma *mi'ja* que no por mucho madrugar, amanece más temprano. Viva un día a la vez, que cada día traerá su propio afán. Es mejor arar de poco a poco para no dejar terrones en el camino. Para cuando abras los ojos, estarás exhibiendo tu diploma en tu propio consultorio. Así que tranquila, que todo tiene su tiempo. Recuerda lo que siempre te he dicho: *no es cuestión de tener muchos dientes, es cuestión de saber apretar la quijá.*

Hablamos de muchas cositas más, a algunas de las cuales se unió Ricardo, pero ni mencionar. Ahora están en sus recámaras descansando y yo estoy aquí terminando mi té para ir a sentarme un ratito en mi vieja mecedora. Necesito tomar un tiempito para meditar, para pensar en los sucesos de hoy, los sucesos de la semana y lo porvenir. Aunque la he pasado de maravilla con la compañía de hoy, quiero estar a solas un ratito. Escuchar mis pensamientos en el silencio de esta hermosa noche estrellada me hará mucho bien. Solamente hasta tomarme el té de tilo, porque a la verdad que me siento hecha cantos. Han sido fuertes estos días de preparativos para la visita de Gustavo y su familia, qué bueno que ya cumplimos con eso. Me siento mucho mejor al saber que es un gran muchacho, de grandiosa familia y con muy buena educación. ¡Pensándolo mejor, creo que me voy a descansar, estoy muerta del cansancio!

Cuarto Capítulo

"Trataré de ahogarme en un instante doloroso del mundo para no sentir tan en los huesos mi profunda soledad"
Julia Constancia Burgos García

L a noche es sobria, sombría, llena de penumbra. Valentina ha regresado a la universidad a terminar su internado. Su padre Ricardo le ha hecho entrega del dinero correspondiente para los gastos más apremiantes que se le presenten. Claro que no es suficiente, pero ella también trabaja y los gastos son compartidos. Aunque Ricardo le aconsejó que este semestre dejara de trabajar para que pueda concentrar todos sus esfuerzos en su práctica y en la preparación para revalidar. Eso sin contar con los preparativos de la boda. Para ello, Ricardo ha destinado una siembra especial de cilantrillo. Va a sembrar veinticinco bancos de trescientos pies de largo para obtener más dinero para los estudios de la niña. Ricardo siempre ha sido muy diligente al suplir para todas nuestras necesidades. Claro que como todo agricultor, ha tenido pérdida de cosechas y cuando esto sucede, se vuelve como loco, pero su resiliencia, perseverancia y su fuerza de voluntad siempre lo han llevado al éxito, si es que sobrevivir puede llamarse de esa manera.

Sin Valentina aquí, vuelvo a caer en los lazos de esta silla ancestral. No sé lo que pasa o vaya a pasar, pero me siento llena de pesar, llena de angustia. Cada día que pasa siento más emociones agolpadas en mi pecho, restringidas, *ataponadas* en el túnel de mi tráquea. Siento la presión que éstas ejercen en mi interior. No me atrevo a despegar mis labios por temor a que salgan como apestoso vómito que afecte a los demás. ¿Qué tal si abro esta represa de sentimientos y causo destrucción masiva? ¡No, no puede ser! Mi ansiada libertad no puede llevar al cautiverio a los seres que tanto amo. No tengo derecho de agobiar a mis seres queridos con mis desahogos. ¿Por qué transferir mis cargas a aquellos a quienes estoy llamada a cuidar, a proteger? No puedo hacerle eso a mi amada familia. Pero me siento en una coyuntura de mi vida donde necesito ayuda y no me atrevo ni sé a quién pedirla. Ellos siempre reciben de mí. ¿Cómo esperar que comprendan que necesito de ellos? Siempre he sido la que les he fortalecido en sus debilidades. Debe haber otra forma para sobreponerme a esta etapa de mi vida. No soy ignorante, sé que estoy en edad de la menopausia y estos sentimientos son parte de ella. Nunca imaginé que serían tan tristes estos periodos, sobre todo ahora que Valentina se ha ido nuevamente. ¿Cómo iba a comprender algo que nunca había experimentado? Nunca hubiera podido describir esta compresión en mi caja torácica, tan similar a un espasmo, pero desde muy adentro del alma hasta afuera. Me corre desde los lomos hasta el esternón, me aprieta, me hace sentir asfixiada y me llena de mucha ansiedad. Me dan deseos de gritar y también de mantenerme en silencio. Y estos malditos sofocones me tienen *jarta*. ¿Quién puede comprenderme? ¿Quién sabe de estas cosas?

A lo mejor es desde afuera hasta adentro que me oprimo, pero siento que se origina adentro y quiero explotar. Implosión o explosión, da lo mismo. Pero no puedo, estoy comprimida, siento estas emociones contenidas a presión dentro de las paredes de mi alma y no puedo ventilarlas como hacía antes. Tengo miedo, mientras más pasan las horas, más afluencia de sentimientos se agolpan en mi ser y más pesada se torna la corriente que se agolpa contra las represas de mi alma. Mientras más se levanta mi espíritu con la alegría que experimento en la vida, más duro caigo al pasar de los días.

¡Tengo que solucionar esto, tengo que buscar ayuda! Necesito escapar de esta prisión y eso es ya. No quiero fingir ni un minuto más. Debe existir alguna solución, alguna respuesta. No soy la primera ni seré la última que esté atravesando por algo así. ¿Quién sabe, tal vez un médico o psicólogo podría ayudarme? Pero el Dr. Guztambide, el psicólogo que hay en la zona metro, ese no puede resolver ni sus propias situaciones. Yo podría darle cátedra de como gobernar su casa y su familia, ¿cómo podría ayudarme él? Aunque pocos lo sepan, el ahoga sus penas en barriles de pitorro. Y por acá arriba lo viene a comprar. También es esclavo de las picas y las peleas de gallo. Ese transporta dosis letales de alcohol por sus venas, pero claro, nunca lo confesaría públicamente. A otro perro con ese hueso, a ese lo conozco yo. No merece mi confianza, no merece ni siquiera que mis pensamientos lo señalen.

¡Tal vez sea tiempo de abrir mi corazón a Valentina! Pero tampoco es conveniente. La verdad es que no debiera, a pesar de que ella es casi doctora y siempre ha mostrado ser profunda y templada como para poderme ayudar. ¡Pero mejor no, la verdad es que ella no podría ayudarme, pues aún no tiene la experiencia de haber vivido lo que yo estoy sintiendo! ¿Cómo podría ayudarme alguien que nunca ha experimentado algo similar? Sería como si una persona tratase de enseñarme a tocar trompeta sin nunca haber tocado antes. Lo más que podría enseñarme sería a soplar, pero de soplar a hacer música, hay una gran diferencia. ¿Cómo podría? ¿Cómo puede alguien tratar de enseñar lo que no sabe, lo que no ha experimentado, lo que no ha vivido?

¡No necesito alguien así, esa no es la solución, necesito alguien más adecuado! ¡Tal vez Ricardo mismo! Pero tampoco funcionaría. Él es hombre y los hombres son diferentes a nosotras, piensan y sienten diferente. Aun cuando se esforzase por entenderme, no podría más que compadecerse, tener empatía o aconsejarme como a un peón o a un amigo y yo necesito algo más que eso. Necesito una mano de un cirujano que con su bisturí extirpe estas masas malignas de dolor emocional que infectan mi alma. El problema es que con cada día que pasa, continúan creciendo y apoderándose de todo mi ser. Tampoco puedo permitir que cualquiera tome el bisturí, porque podrían cortar de más y dañar mis preciadas emociones, o cortar de menos y dejar parte del germen que en breve volviera a propagarse dentro de mí, tal vez peor que antes. ¡Malditos patógenos! ¡Odio no tener respuestas a mis propias preguntas! ¡Odio no tener soluciones a mis propios dilemas! ¡Odio no poder superar mis propios obstáculos! ¡No tengo fuerzas para sobrellevar esta cruz! ¿Y si es que tengo deficiencias hormonales? Podría ser mi tiroides o algo así. De todas maneras iré al doctor para que me haga unos estudios, hace años como loco que ni lo visito.

Mientras medito en todas estas cosas, siento la brisa placentera de estas colinas. A la distancia puedo escuchar los cánticos de la Iglesia donde asiste Minerva. El domingo la acompañé al culto y el predicador decía: *Venid a mí los que estáis trabajados y cargados y yo los haré descansar.* ¡Cuántas veces Valentina me ha invitado a ir y nunca quise acompañarla! Ella disfruta de la iglesia porque tiene muchos amigos de su edad que siempre van juntos. A unos le gusta la música, a otros el compartir, otros genuinamente sienten llenura espiritual cuando asisten, por lo menos eso es lo que dicen. Yo pienso un poco como Carlos Marx, *la religión es el opio del pueblo.*

¿Acaso no dijo San Agustín que el hombre es incurablemente religioso? Por pensar de esta manera es que estoy como estoy, con este profundo vacío que hace mis vísceras retorcerse de soledad. Esas palabras del predicador revolotean en mi mente como bandadas de golondrinas que avisan cuando se avecina una tormenta. Puedo leer las palabras del predicador en mis pensamientos, es como una pantalla de cine que dicta esa frase una y otra vez. Hablaba de Jesús y su poder para ayudarnos en nuestras debilidades y muchas otras cosas más. Me pareció tremendo, pero siempre he sido escéptica a la religión. No me gusta creer en algo que no puedo ver, palpar o controlar. Lo intangible me causa senda incredulidad. Me parece tonto hablarle a un muñeco o a una estatua que no puede hablar, escuchar, comer, moverse, sentir o mucho menos ayudarme en algo. Aunque este Jesús que predican allí, no es una estatua ni una figura inerte. Dicen muchas cosas de él en la historia. ¡Cómo cambió al mundo, cómo ha cambiado a muchas personas, hecho muchos milagros y pronto viene a buscar a su pueblo! ¡Con la alegría que lo predican, con la alegría que cantan y ministran! He escuchado muchas veces de su existencia eterna. Dicen que fue desde antes y será hasta siempre. Yo no puedo decir nada personal, porque no lo he conocido. No sé quién es o si verdaderamente existe. ¡Nunca lo he visto, nunca me ha hablado, nunca lo he sentido! Confieso que me ha despertado una curiosidad por saber más de él, de su historia, de sus hechos. He leído algunas cositas en la Biblia sobre él, pero hasta ahora nada me convence. Según la historia es un personaje interesante, fue un hombre generoso, compasivo y su propia gente lo mató cruelmente. ¿Cómo pueden ser tan crueles los seres humanos? ¿Cómo pudieron matar tan vilmente a un hombre que solo hacía el bien? Entiendo que hacía muchos milagros y muchas buenas obras. Ayudaba a los menesterosos y amaba profundamente a los niños. Se declaraba el Hijo de Dios y debió ser así, pues sanaba enfermos y hacía cosas fantásticas y sobrenaturales que ningún ser humano puede hacer. ¡Según la historia hasta resucitaba a los muertos!

Quisiera conocerlo, hablarle, quisiera sentir que me acompaña y que está conmigo, como dice mi amiga Minerva. ¿Cómo sería eso? ¿Cómo se puede ver a alguien invisible?

¿Cómo puedo invitarlo a mis monólogos y a los dilemas de mi corazón? ¿Dónde mora, dónde son sus habitaciones? ¿Cuáles serían sus expectativas de mí, de mis conversaciones? ¿Acaso será verdad que está en todas partes, que lo sabe todo como decían en la iglesia? ¿Será verdad que mi escepticismo es una gran muralla que me separa de Él como me dice Minerva? ¿Acaso debo dejar de construir tantos muros y comenzar a construir más puentes?

De repente reacciono a mis pensamientos y de un salto exclamo:

-¡*Minerva, si Minerva es la persona indicada para ayudarme!*

¿Cómo no haberlo pensado antes? ¡Dios mío, casi reacciono en el entierro! Ella comprendería esto que estoy sintiendo. Sí, ella es mujer, ha pasado por esta etapa de la menopausia, tiene una gran familia y además es mi amiga. Siempre está sonriente y llena de cariño hacia los demás. Siempre me ha asombrado el amor que siente por todos en el pueblo y cómo se desvive por ayudar al necesitado. Nada tiene de ella, todo lo comparte y en su rostro siempre hay un brillo especial. Yo le llamo aura, ella le llama, la gracia de Dios. Pues si eso es lo que la hace ser diferente, yo también quiero de esa gracia. ¡Sea lo que sea que es, parece ser lo que necesito! Tantos años, tantas noches en esta mecedora, tantas preguntas sin respuestas, tantos pozos, tantos laberintos sin salida. No me es suficiente con ser una buena madre, una buena esposa, una buena amiga. No me es suficiente el tener salud o estar bien económicamente. Por mejor que esté, por más que ría y disfrute de la vida, esta opresión en mi interior no se va, al contrario, se acrecienta día tras día. Vivo alegre pero llena de tristeza. Sonrío infectada de aflicción dentro de mí. Siento grande culpa en mi interior, aunque ningún mal he hecho a nadie. Me siento aprisionada por mis emociones, acorralada por mis pensamientos, aunque sea libre de hacer como a mí me parezca. Definitivamente debo visitar a Minerva y hablarle de esta inmensa necesidad de auxilio por la cual clama mi alma desesperadamente. Ya no quiero huir más de mis pensamientos, ni tener temor a que esta represa vaya a estallar. ¡Quiero sentir paz, quiero sentirme libre, no quiero ocultar más estas necesidades bajo esta apariencia de dominio propio y sobriedad! ¡Me merezco darme una oportunidad y dejar de estar engañándome a mí misma!

¡Cuántas veces Minerva ha intentado hablarme de Jesús y con mi escepticismo la he hecho sentir menospreciada! Una amiga no hace esas cosas. ¡Oh Dios, como no me había dado cuenta del rechazo que le hacía a sus palabras! Ahora, después de tanto tiempo, el eco de sus palabras retumba en mi corazón. Pensé que las había echado al olvido, pero las recuerdo claramente, letra por letra, palabra tras palabra, una por una. Están brotando de lo profundo y embarrando todo mi ser como el petróleo de los pozos de Rockefeller. Hasta puedo ver como una película del momento en que me las dijo. Recuerdo la frase que me dijo: *la Palabra de Dios no tornará atrás vacía.* No la entendí en el momento, pero creo que se refería a esto que me está pasando. Sus palabras todavía revolotean en mi mente y me van a llevar a ella o tal vez al Jesús que ella me predicaba. Se han enganchado en mi boca como anzuelo que ha mordido un pez y no me suelta, no me deja ir. Todo lo contrario, me hala, me hace fuerza, más de la que puedo reciprocar. ¡Ojalá estuviese aquí para darme la oportunidad de ser instruida en su experiencia! De todas maneras, para salir del hoyo, hay que dejar de cavar.

Sin lugar a dudas estoy pensando muy diferente a como pensaba antes. He reaccionado como aquel moribundo al que le dan un choque eléctrico para volverlo a la vida. Solo que esta muerte por dentro es sigilosa, progresiva, anónima, invisible, oscura, lenta, dolorosa y cruel. Los que me rodean no ven que estoy muriendo por dentro, porque tampoco lo dejo ver. Sonrío por fuera como el payaso y mi alma se traga las lágrimas en la soledad. Pero yo no voy a permitir que mi alma se siga muriendo lentamente por la soberbia de mis propios pensamientos. Quiero sentir lo que Minerva dice que siente en su vida. Quiero sentir ese fuego que consume las leñas del dolor y de la soledad que me atormentan. Voy a darme la oportunidad de creer en lo que le funcionó a ella y a tantos más, tengo su ejemplo allí, de frente. También tengo el ejemplo de Valentina, pero la maldita soberbia no me ha dejado reconocerlo. ¡Sí, lo intentaré y si no me funciona, pues ya buscaré otra alternativa!

De Tata aprendí las virtudes de las hierbas medicinales y hasta hoy me han ayudado a ahogar estas penas, a calmar mis temores, a relajar mis tensiones y a satisfacer mi paladar. Poco me falta para comer yerba como cabro, esto no puede continuar así. No hay mal que dure mil años, ni cuerpo que lo resista. Pero Minerva puede enseñarme sobre eso que no sé, de lo que ella ha experimentado y le ha funcionado. Si le funcionó a ella, puede ser que me funcione a mí también. Después de todo, puede ser verdad que los que están cansados reciban reposo en Jesús. ¡Lo que no sé es como! Pero ella me va a enseñar. Sí, ella me va a enseñar. Mañana mismo iré a visitarla.

* * *

Vamos arriba, que al que madruga, Dios le ayuda.-pensando en voz alta.

A la verdad que hoy me siento más agotada que nunca. Estas sábanas parecen tentáculos de pulpo que no me quieren soltar. Pero el deber y la responsabilidad me llaman. Aunque no son muchas mis obligaciones, pero sería muy injusto dejarle todos los quehaceres a Ricardo, especialmente si puedo ayudarle, al menos que tenga algún problema de salud, lo cual no es el caso. Así que todo perro a sacudirse las pulgas y a levantarse. Además, hoy es el día que he dispuesto para visitar a Minerva. Voy a llamarla para ver si tiene tiempito para recibirme, no sea que esté demasiado atareada con las faenas de la familia y el hogar, o que no vaya a estar en su casa. A decir verdad, mejor no la llamo *ná*, voy a caerle como paracaídas y si está disponible para compartir conmigo, lo tomaré por señal de que Dios está en este asunto.

Minerva es este tipo de persona desprendida que se desvive por ayudar a otros. Le asigna el justo valor a las cosas, ni más ni menos. Así las valora, como perecederas, reemplazables, sustituibles, inconclusas. Las llama corruptibles, pero esa palabra no es de mi *argot*, tampoco de mi jerga popular. Así que no tengo duda alguna que si está en la casa, va a estar dispuesta y disponible para recibirme, después de todo es mi amiga. Especialmente cuando se entere de que simplemente deseo dialogar con ella. Le va a extrañar mucho, lo sé, pues no suelo hacer visitas solo para conversar de cosas que no respondan a las tareas de la finca, el tiempo, Valentina, el gobierno o negocios.

Siempre la he visto como una gran mujer optimista y luchadora, tal como yo. Pero desde anoche he meditado que me ha tenido ventaja todo el tiempo. Si es como estoy pensando, he vagado por la vida a pulmón *pelao*, mientras ella ha estado disfrutando cada día de un compañero más fuerte que ella, que la ha ayudado en sus días más difíciles. Eso nunca lo había visto de esta manera y si es así, pues haré los cambios necesarios para montarme en ese barco yo también. Eso sí, sin teorías vanas, tiene que funcionarme, de lo contrario mejor me quedo como estoy. ¡No pienso salir de Guatemala para meterme a *Guatapeor*! Pero con calma, no voy a montar el caballo sin antes ensillarlo, tampoco voy a cruzar el puente sin llegar al río.

De modo que me voy a levantar con ánimo y voy a desayunarme algo liviano. A Ricardo voy a hacerle unos huevos revueltos y una ensalada de frutas. Hoy es un día de nuevas ideas, de nuevos comienzos para mí. Al menos eso espero. Es más, cuando salga al balcón y pase por el lado de mi vieja mecedora, la voy a voltear mirando a la pared, para que vea que hoy será diferente su suerte. De esa manera no me verá salir y no podrá tejer esas marañas que me hacen ahorcarme en mi propio lazo. Y voy a llamar a Ricardo tan pronto tenga su desayunito y su tacita de café, entonces le digo de mi visita a Minerva. Se va a sorprender mucho, porque no tengo por costumbre ir de visita y menos en la mañana, pero así son las cosas. ¡Bueno, a mis deberes, que de los cobardes no se ha escrito nada!

-¡Dios santo, pero que rico huele! Voy a ponerme como timba, porque esto huele a gloria. – dice Ricardo.

-¡Buenos días Ricardo! Hoy no tuve ni que llamarte. ¿Qué te trae tan temprano por aquí? ¿ah?- pregunto sabiendo la respuesta.

-¡Muchacha, huelo el desayuno a una milla de distancia, como perro a longaniza! ¡Gracias por darme por donde me gusta!

245

No te preocupes, te prometo que hoy mismo lo boto por los poros. ¡Voy a trabajar fuerte para quemar todas estas calorías, promesa!

Debieran verle su carita, como león de zoológico comiendo caliente. Cualquiera diría que no come en días. Lo tengo a pura avena seis días a la semana, así que un pequeño desarreglo no le debe hacer mucho daño.

-¡*Sasna* con gusto no pica, y si pica no mortifica! ¡Pero qué cosa rica! ¡Que Dios bendiga tus manos!- dice Ricardo sin sacar sus manos del plato.

Me uno a su placer culinario. Sabe riquísimo, a la verdad que hay que controlarse, porque si por uno fuera, abusaría de la salud todos los días. También voy a botar esto por los poros más ahorita. Cuando camine a casa de Minerva voy a sudar como mula *cargá*, eso de seguro que sí. Pero nada va a detenerme, voy a conocer a quien Minerva siempre me ha querido presentar. Hoy veremos si el gas pela de verdad o si son puras falacias y cuentos de vieja.

Muchas son las cosas que he alcanzado a escuchar sentada en mi balcón. Sí, cuando el viento viene desde la loma, puedo escuchar parte de lo que predican en la iglesia. No es siempre, tampoco puedo entenderlo todo, pues los grillos y los coquíes se quedan con el canto, pero alguna que otra cosita se queda. De todas formas, es bueno visitar a mi amiga. Las amistades son como flores, si no las riegas se marchitan rápidamente. Nada más triste que andar errante por la vida sin amigos. A alguien uno tiene que tener, no es bueno que el hombre este solo. Siempre hacen falta las amistades. Un amigo es ese ser especial que se convierte en tu hermana o en tu hermano en los momentos difíciles de la vida. Y acá, tu vecino es tu familiar más cercano. También es un peso en el bolsillo, así que hay que tener cuidado y saber escoger bien para que no te pasen gato por liebre.

Roberto y yo mantenemos muy buena amistad hasta el sol de hoy, pero las amistades acá en estos campos no solo son buenas, sino que son necesarias y convenientes. Nunca sabes cuándo vas a necesitar algo o cuando vas a necesitar de alguien. ¡Así que es bueno ser como el marinero, tener amigos en cada puerto! Y hoy, yo voy para el puerto de los Díaz, voy a ver a mi amiga Minerva, estoy ansiosa por estar allá. ¡Tengo más preguntas que respuestas, espero que ella me pueda ayudar!

-Mi amor, hoy quiero visitar a Minerva, eso es si no me necesitas de urgencia en alguna faena de la finca.- le digo sin previo aviso.

-¡Como no mujer, hace tiempito que no la visitas! Además todo anda muy bien en la finca hoy. Los muchachos saben lo que tienen que hacer y todo está en orden. Así que ande, vaya y no se detenga. ¡Bien dijo Don Figuere, si usted no va es porque no quiere!

Este hombre siempre me hace reír. Sus ocurrencias me despiertan sonrisas. Esa forma de hablar se le pega de los peones. Están todo el día echando chistes para matar las horas, para ignorar la paliza que les da el calor y los rayos inclementes del sol.

-Lina, si puedes, cuando vengas de regreso, pasa por casa de Guillo y tráeme la azá que le presté. El que presta lo que tiene a pedir se atiene y me hace mucha falta aquí.

Nuestros peones, son empleados de confianza que llevan muchos años trabajando con nosotros. Unos llevan más de una década trabajando aquí, somos como familia. Ricardo es más que un jefe para ellos, es un amigo. Él trabaja duro al igual que ellos, los trata con dignidad y consideración. No hay que hacer el trabajo más duro de lo que es por sí mismo, eso mi esposo lo tiene muy claro. Trabajar la agricultura no es fácil, pero los muchachos lo disfrutan a pesar de todo. Además les gusta cuidar animales y ganado. De vez en cuando salen a cazar palomas o se van a pescar camarones al río y a la quebrá. De vez en cuando encuentran un pasatiempo para lueguito del trabajo también. Ellos trabajan con deseos de tener éxito, pues saben que sus ingresos, al igual que los nuestros, dependen del fruto de la labranza y el pastoreo. Así que somos un gran equipo, somos como familia los unos con los otros. Y Ricardo es justo con ellos y les paga bien. Todos ganamos o todos perdemos, sin abusos. Así es como logramos que todos los bueyes aren en la misma dirección.

Terminado el desayuno, Ricardo vuelve a sus labores cotidianas y yo me encomiendo a un cambio de rutina. Antes, voy a fregar estos trastes y a barrer nuevamente la casa, pues sé que la caminata de hoy me va a dejar bastante explotá. No es fácil caminar por estas cuestas de estas montañas y mucho menos a esta edad. Ojalá me gustara cabalgar tanto como a Valentina, sería mucho más fácil para mí. Pero prefiero estar sobre mis pies, me siento mucho más segura. De todas maneras, la miel no se hizo para el hocico del burro.

¡Qué hermosa está la mañana! Se oye el canto de las aves, el canto del ruiseñor y del turpial. Entre vez y cuando pasa una bandada de cotorras y también se oye el *cacareo* de un pájaro bobo. El pitío de los changos se hace sentir también. No me gustan para nada, me tienen loca comiéndome las hojas de la mata de calabazas, las papayas y los mangós. Los pitirres no pueden faltar con su inconfundible secuencia musical que hace alusión a su nombre cada vez que cantan. ¡Me encantan, porque por pequeño que es el pitirre, siempre será más ágil que el inmenso e imponente guaraguao! Hay un pájaro carpintero trabajando el árbol de yagrumo, hermoso árbol de tronco hueco, con hojas verdes por encima y blancas por debajo. De allí el viejo adagio para los hipócritas, *no seas como el yagrumo.*

El canto de los gallos sobresale sobre todos los demás y el *cacareo* de las gallinas es tremendo a estas horas de la mañana. Sin dudas que esta música de la fauna es insustituible. La zona metro tendrá sus ventajas y conveniencias, pero no tiene precio poder disfrutar de esta hermosa sinfonía filarmónica día tras día. Aves diurnas, insectos nocturnos, coquíes, luciérnagas y mil hermosuras más. Algunos no lo soportan, pero por acá vivimos acostumbrados.

Voy de paso por el viejo camino vecinal. Gracias a Dios está seco y no hay fango, pues en estos últimos días no ha llovido nada de nada. La casa de Minerva queda a menos de una milla de distancia, lo complicado son las cuestas, lo árido del camino para andar de a pie y este sol pelú. Pero la brisa fresca de hoy ayuda bastante. ¡Cuántas veces corrimos estas laderas Roberto y yo! ¡Cuán distintos eran estos caminos! ¡Cuán distinta era mi forma de ver las cosas! ¡Cuán distinta era mi condición física! Antes no sentía el corazón palpitar en mi garganta con tan solo caminar. Ahora tengo que caminar con calma, disfrutando de espacio los hermosos paisajes de mi bello Puerto Rico. De paso voy a saludar a mis vecinos, sacaré unos minutos para cada cual que me encuentre de camino. Este día lo dedicaré para mí, para descansar mentalmente, para desprenderme un poco de cada carga en cada lugar que me detenga a conversar.

En una ocasión escuché una anécdota de dos burritos, ambos llevaban su propia carga y de repente se encuentran frente a un río. Uno llevaba unos sacos pesados de sal y el otro una liviana carga de esponjas. Uno luchando por continuar el camino y el otro paseándose con su ligero balaje. Cuando llegan frente al río, deben decidir qué hacer para cruzarlo, si cruzar con sus fardos a costas o dejarlos para poder cruzar. El burrito que llevaba la carga de sal le dijo al otro que el cruzaría con su carga a cuestas, que era su responsabilidad llevarla. El otro le dijo que no lo hiciera, que la carga era muy pesada y que se iba a ahogar, que en cambio el si podía cruzar con su cargamento encima, pues era muy liviano. Luego de dialogar al respecto, ambos se aventuran a la misión de cruzar el rio. El burrito de la carga de sal se dio cuenta que mientras más se mojaba, más liviano se sentía. La sal se estaba disolviendo y podía caminar cada paso con mayor facilidad. Pero la historia del burrito con una carga de esponjas fue diferente. Mientras más se mojaba, más agua absorbían las livianas esponjas, más pesado se tornaba el flete y más difícil era seguir adelante. No tuvo otra opción que nadar con todas sus fuerzas hasta a penas poder llegar a la otra orilla. Exhausto, moribundo, muy asustado, se desploma en la otra orilla sin su carga poder llevar.

Con el paso de los años me he dado cuenta que soy como ese burrito. Mis livianas esponjas se han ido llenando de pesado ajobo, hasta el punto en que hoy me siento desmayar a la otra orilla del río. Por eso voy a buscar ayuda para desprenderme de esta carga tan pesada de esponjas llenas de agua, que lo que hacen es hundirme en pozos profundos de desesperación y sujetarme a prisiones invisibles de soledad en

252

mi interior. Más triste aún es estar perdido en la vida, a pesar de tener un mapa a la mano que me indica el camino a seguir. Hoy quiero que Minerva me enseñe a descifrar ese mapa y espero poder aceptar lo que ella me ilustre, porque la verdad es que a veces soy muy cabecidura también.

-Hola Lina, ¿Cómo está? ¡Dichosos los ojos que le ven! Cosa rara verle por aquí, *mi'ja*. – dice Doña Juanita.

-Buenos días Doña Juanita, me alegro verle. Estoy bien gracias a Dios. ¿Y usted y la familia?

-Pues ahí, ahí. ¿Qué le trae por aquí amiguita? La verdad que hacía tiempo que no le veía caminando por aquí a estas horas. ¿Quién pare que no me he *enterao*?

-No, no, nadie. Es que voy a visitar a Minerva y no quería esperar hasta tarde, pues quiero conversar con ella, hace un tiempito que no compartimos.

-¿Está todo bien con la familia? ¿Cómo esta Ricardo y Valentina? La vi por allí hace unas semanas y se veía muy bien. Pero ella iba de lo vivo a lo *pintao* en su corcel, *sudá* hasta los sesos.

-Sí, todo está bien gracias a Dios. Ella estaba de vacaciones de la universidad. ¿Y bien, cómo está su familia? ¿Todo bien? La propiedad se ve muy bonita, que bueno verle trabajando aquí afuera.- le contesto tratando de culminar el saludo/conversación para que no me coja tarde.

-Los muchachos están bien, allá trabajando en la siembra o en las máquinas, ya sabe.

-¡Claro, claro, el trabajo nunca se acaba! Pero voy a dejarle Doña Juanita, para que no me coja tarde. Nos vemos pronto. ¡Éxito en las labores del día!

-Ok, hasta pronto Lina, déjese ver de vez en cuando por aquí, las puertas están abiertas siempre, ya sabe cómo es.

-Igualmente Doña Juanita, visíteme cuando guste. Nos vemos pronto, de todas maneras paso por aquí de regreso si Dios lo permite. ¡Hasta pronto Juanita!

Es maravilloso poder conversar con alguna persona ajena a nuestro entorno rutinario. Inclusive, saludar a Juanita y dialogar brevemente con ella me ha hecho sentir muy bien. Sentirse querido o apreciado, al menos conocido y no ignorado, es muy gratificante. Reconozco que eso sucede mucho en la iglesia. Se hacen nuevas amistades, se comparte continuamente, ves a los vecinos que asisten, aprendes a conocerlos mejor. No solamente abres una puerta para conocer a otras personas, sino que abres una puerta para que te conozcan a ti. Es allí donde he tenido mis reservas por tantos años, nunca he querido que las personas me conozcan realmente, nunca quiero que nadie conozca mis pensamientos, mis monólogos, mis sentimientos. Pero parece que tengo que modificar algunas de mis apreciaciones. De todos modos, nadie tiene que conocer todos los detalles realmente. ¡Tal vez no podré cambiar al viento, pero puedo cambiar la dirección de las velas!

Tal y como había pensado, estoy sudando la gota gorda con esta *jaldita*. Gracias a Dios que estoy llegando. Puedo ver la finca de Minerva a la distancia, pero estoy sudando demasiado y voy a cogerme un descansito por aquí. Me doy cuenta de la tremenda ansiedad que estoy sintiendo por esta visita. ¡Hasta tengo deseos de regresarme! ¡Tengo tanto miedo a los cambios, tanta incertidumbre que me paraliza! Odio estar nerviosa y mucho más cuando no debería sentirme así. ¡Si tan solo voy a visitar a mi amiga Minerva! Mejor me siento debajo de este tamarindo un ratito, así le doy tiempo al

255

corazón de caer en su ritmo normal y a que ésta fresca brisa me seque un poco de este sudor *envenenao*. ¡Mira *pa'llá* Dios mío! ¿Por qué estoy sudando tanto?

Este árbol me recuerda mis momentos de niña, comiendo tamarindos sentada en esas ramas. Ya no hago esas cosas, ahora los recojo del piso en su temporada y hago un buen jugo cuando tengo disponible. ¡Cuánto daría ahora mismo por un vasito de jugo de estos tamarindos!

-¡Oh Dios, no puedo creerlo! ¡Qué *chavienda*! Tanto espacio y esa paloma tiene que embarrarme a mí. ¡No puede ser, que fiasco!

Al parecer me fui en mis pensamientos y no me he dado cuenta que habían unas palomas en las ramas directamente arriba de mí. Dicen que el que a buen árbol se arrima, buena sombra le cobija, pero no te dicen que el pájaro es peligro para la vara, ¡caramba! A buena hora se me olvida que la gallina de arriba ensucia a la de abajo. ¡Pero qué suerte la mía! ¡Estoy más *salá* que un bacalao! Bueno que me pase, por estar *espaciá*. Sin duda era una paloma, pues el pájaro se conoce por su churreta. Y esta churreta definitivamente es de paloma. ¡Hombre no, ya esto me ha *dañao* el día! Mejor me limpio y me voy a casa de Minerva antes que me arrepienta.

No puedo negar que estoy molesta por mi suerte con esta paloma, pero a la vez me ha hecho reír. ¡Claro que no es muy gracioso reírse de uno mismo y mucho menos solo! De todos modos, es mejor reírse que lamentarse.

Estoy acercándome a casa de Minerva con ánimo mejorado, bastante relajada. De hecho, estoy sonriente y tengo una excelente herramienta para romper el hielo de nuestra conversación. Nada mejor pudo haberme sucedido, una buena excusa para romper el hielo.

-¡Minerva! Buenos días. ¿Cómo estás?- digo saludando.

-*Hey* Lina, hola. ¿Cómo estás amiga, cómo estás? ¡Qué sorpresa! Entra, entra, entra. ¿Qué te trae por aquí? ¿Todo bien? ¿Estás bien? ¿Ricardo y Valentina están bien? ¿Necesitas algo? – pregunta una tras otra con grande emoción y mirada intensa de preocupación.

-Pero cálmate muchacha, todo está bien. Solo quería visitarte, venir a verte y compartir contigo un ratito.

-¡Dios mío, pero que sorpresa! Chica, ¿Por qué no me llamaste? Mira *pa'llá* estas fachas en las que estoy. Estaba sembrando unas rosas y limpiando un poco el jardín. Que formas las tuyas de caerme arriba, ¿ahhh?

-Pues la verdad es que no tenía deseos de llamarte, quería venir personalmente a compartir contigo un ratito. Hacía tiempo que no te vengo a visitar y me motivé a venir hoy. Si lo planifico mucho, ya sabes, nunca vendría. ¿Y qué, cómo está la familia? – añado.

-Pues a la verdad que estamos bien gracias a Dios. Los muchachos están bien, Jerónimo está como siempre, en la faena de la finca y todo está muy bien, ahí le vamos. Pero, no creo que hayas venido solo a ver como estoy, ¿verdad? ¿Cómo está Valentina, cómo está Ricardo? ¿Cómo está la finca? ¿O será que estás atendiendo un parto por ahí?

-Tú siempre Minerva, haces demasiadas preguntas corridas, ¿Cómo puedo contestarte si no haces pausas? Para cuando vengo a contestarte, la mitad de las preguntas se me han *olvidao*; ji, ji, ji. –contesto mientras trato de hacer interesante las respuestas y manipular el encuentro, cuestión de que no se enfoque en el motivo real de mi visita, por lo menos por ahora.

-Pues todos bien gracias a Dios, *mi'ja*. Valentina está bien, ya sabes, está terminando su internado. Muy pronto tendremos nuestra propia doctora en estos lares.- sin poder evitar el tono de orgullo.

-¡Qué bueno, por fin tendremos nuestra propia doctora, gloria a Dios! Ella vino por aquí con Ricardo, estaban dando una vueltita en sus amados corceles.

-Y no solo eso, está *enamorá* hasta el ceto.

-¡No me digas! ¡Eso sí que no lo sabía! *Eniwei*, edad tiene.

-¡Pues sí y no tienes idea de quién es el galardonado!- le dije con media sonrisa mordida. De esas sonrisas que se tuercen hacia un lado, sonrisas que quieren disimular un gran orgullo y satisfacción. No quiero sonar pedante y que piense que considere inferiores a quienes no gozan de los atributos o méritos de Gustavo.

-Pues a la verdad que no, pero a juzgar por tu forma de hablar, debe ser todo un personaje, por lo demás muy interesante,

¿ah?- contesta intrigada Minerva.

-Pues para nuestro beneficio, el muchacho es pediatra y quiere mudarse a estos campos para casarse con Valentina. Ya sabes, la guerra del amor y el interés. Esta vez más puede el amor. Valentina le dijo que de estas montañas no hay quien la separe y el muchacho ha mostrado gran interés por estos campos. Aunque a la verdad que el perro lo que corre es a la longaniza, ya sabes cómo es, está bien *embarrao* por la nena. Pero el amor por ella y el interés en el campo ha resultado una buena ecuación.

-¡Wow, pero que gran noticia Lina! ¡La verdad que Dios te está bendiciendo! Y, ¿ya conociste al muchacho? Pero ven, salgamos del sol, que ya nosotras no estamos para este fogón. Tenemos que cuidar nuestra piel, recuerda que la cáscara guarda al palo. Sube, vamos a la sombra. De todos modos no quería seguir trabajando hoy. Caíste como del cielo, eres la mejor excusa para cogerme un *breikecito*.

-Pues como te cuento, Gustavo vino a visitarnos con sus padres. Yo ni sabía que Valentina estaba *enamorá*. Tú sabes lo reservada que es la muchacha en sus asuntos. No quiso decirnos nada hasta estar segura que esa relación era estable y segura. Pero gracias a Dios que ha sabido escoger bien. El muchacho es muy respetuoso, es humilde, buen hijo, realmente es un buen partido. De hecho, vino a visitarnos con sus padres y esa da mucho que decir. Es alto, guapo y se ve muy bien. Es evidente que tiene un buen corazón también. Así que ahora no solo tendremos a una doctora, sino que tendremos a un pediatra también. Maravilloso, ¿ah?

-¡No es maravilloso, es increíble! Y tenemos a la mejor partera de todo el país también; ji, ji, ji. – dice mientras me hacía *seña* de subir a la sala.- -¿Quieres un juguito de tamarindo?

¿En serio? Apenas entro a tu casa y tengo un deseo hecho realidad, un buen vaso de jugo de tamarindo, ¡me leíste los pensamientos *mi'ja*! ¡Ya que insistes!– le contesto con un grado de sarcasmo que usamos mucho por estos campos.

-A la verdad que leíste mis pensamientos, vine con un gran deseo de tomarme un buen jugo de tamarindo como este que haces. Tenía mucha esperanza que tuvieras hecho.

-¡Pues de la esperanza vive el pobre, nena! Y se te dio.

-Y es lo último que se pierde también.

Ya sabes Lina, cuando no es de tamarindo, es de carambola, de acerola, de limón, de parcha, de china, de toronja, de naranja, hasta de jagua mi amiguita. Nada como los refrescos que sacamos de nuestra siembra. Y no lo vas a creer, pero la semana pasada preparé jugo de ajonjolí, y ya no queda nada. ¡Los muchachos le dieron como a pillo de película, ya sabes!

-¡Es que nadie hace los jugos como tu *mi'ja*! ¡Ese maví que preparas es de grandes ligas también! ¡Como que de alguien aprendí la receta!

-Claro, claro. Te voy a llevar cuando vuelva a hacer. ¡Para buen entendedor con pocas palabras basta, *mi'jita*! Yo podré especializarme en los jugos, pero nadie como tú en los teces y *mejunjes*. ¿Y qué tal el huerto, cómo están tus plantas?

-Todo bien. Par de plantitas nuevas aquí y allá, experimentando como siempre.

Mientras conversamos, ella se acerca al refrigerador, saca su jarra de jugo de tamarindo, se acerca a la tablilla que está sobre su fregadero y saca dos tazas de casco de coco.   Aun antes de que los sirva, siento mi boca hecha agua. ¡Wow! Realmente le tengo deseos a ese *contrallao* juguito; ji, ji, ji. Inmediatamente lo sirve y me pasa mi buen vaso.

-¡Bueno, la hora de la verdad!   Gracias.- digo ansiosa de tomármelo.

Cualquiera diría que nunca he tomado un jugo de tamarindo.   Me siento muy emocionada de tomarlo hoy, es que cuando se une la sed al deseo de tomar, es algo terrible.

-¡Ummmm, como siempre, por encima de los gandules! Amiguita, a la verdad que tienes una mano santa para hacer jugos, Dios mío, la verdad que sí.

-¡Que te aproveche, que para bien sea!

-Bueno, ahora puedes contarme cuales son los verdaderos motivos de tu visita.   Porque me parece que no has caminado hasta acá para tomarte un simple jugo de tamarindo, ¿ah?

-¿Y la familia dónde está? - le digo tratando de dilatar el tema un poco más.   No encuentro como abrir la puerta para conversar sobre mis intimidades. Eso me pone muy nerviosa, la verdad que me siento paralizada. Las palabras no encuentran el camino hacia mi boca, se han extraviado en mi garganta una vez más. Comienzo a sentir una gran ansiedad y me siento muy temblorosa. ¡Espero que no detecte esta terrible angustia!

-¿Qué te pasa amiguita? Estás muy rara, ¿qué te sucede realmente? Habla mujer, sabes que puedes contar conmigo. Además, para eso has venido. Mientras más tardes en morir, más larga va a ser tu agonía. Habla, que camino árido se pasa rápido. Vamos, bota el buche que si no te ahogas.- dice mientras me hace señas de comenzar a hablar.

Sus palabras convencen mi intelecto, pero mi cuerpo no camina al paso de mi mente, presenta resistencia. Quiero hablar, pero de repente no sé cómo hacerlo. El miedo me ha paralizado. No tengo control de mis emociones. Quiero explotar, pero las palabras están agolpadas en mi garganta como un gran taco que no puedo sacar. Peor aún, ahora tengo un profundo deseo de llorar, ¡qué vergüenza, Dios mío!

Minerva se da cuenta de que las palabras están atoradas en mi garganta y no fuerza las cosas. Se acerca, me da un abrazo y

¡buuummm! Explota la represa que estaba aprisionando estas emociones. La mente me censura por tan explícita manera de revelarme, pero realmente no puedo evitarlo. Lo intento, pero no puedo. Sabía que algo así podía suceder, que esta represa tarde que temprano iba a ceder a estas presiones tan descomunales. Minerva no dice nada, solo me abraza y hasta llora juntamente conmigo. No sé porque estoy llorando, solo sé que no puedo dejar de hacerlo. Tampoco sé porque llora ella, si es por pena, compasión o empatía. O si se conduele conmigo. Solo sé que su abrazo es el abrazo más reconfortante que jamás haya sentido. Con cada lágrima que sale de mis ojos, siento que un gran peso se está desprendiendo de mi alma. Que las esponjas que se han llenado en mi vida están siendo exprimidas y se están vaciando. Siento que mi pecho se está descomprimiendo mientras mi tristeza va disminuyendo. Mientras más lloro más libre me siento, hasta siento alegría al llorar. Quisiera poder describir estos sentimientos, pero no encuentro palabras para hacerlo.

Luego de un largo rato de desahogo....

-Me has hecho llorar mujer, ¿qué te pasa? Cuéntame.- dice mientras se seca las lágrimas de sus grandes ojos color marrón, ahora rojizos por las lágrimas que de ellos fluyen.

Su mirada es tierna, habla más que mil palabras. Pasan unos minutos antes de poder recobrar la capacidad de dialogar. Aunque me causa cierto grado de vergüenza que me vea llorar, siento deseos de continuar llorando, dejar toda esta carga que me ha agobiado la vida entera. Increíblemente nunca me había dado cuenta que vivía cargando tanto balaje sobre mis hombros, tantas esponjas llenas sobre mis lomos. La dureza de mi carácter tenía oculto este sufrimiento como tierra que oculta al fiche, siempre oculto comiendo las raíces de las plantas y si no lo resuelves a tiempo, las pierdes, te las aniquila lentamente.

Sentándome frente a Minerva en la sala, le contesto.

-No lo sé. Hace unos meses que vengo sintiéndome más mal que peor. He estado sintiendo una gran soledad, un gran sentimiento de culpa. Es posible que la tiroides esté molestando un poco o que me haya llegado la menopausia. A decir verdad, mis pensamientos me han llevado a recordar las palabras que me habías dicho sobre Jesús. De igual manera he estado meditando en aquella palabra que dijo el predicador de que vinieran a Jesús los que estaban trabajados y cargados, que

Él los haría descansar. Además, recuerdo cuando me comentaste que tus palabras sobre Jesús no tornarían atrás vacías. Todo porque no puedo entender claramente la razón por la cual me he sentido terriblemente angustiada y llena de ansiedad en las últimas semanas. También me siento muy triste por mi desempeño en la vida, no me siento satisfecha con mi legado.

Todas estas cosas le comparto mientras me escucha atentamente. Ciertamente no quiere interrumpirme, por lo cual continúo diciendo:

-La mayor de las probabilidades es que esté atravesando cambios menopaúsicos que no había experimentado antes y no los puedo controlar. Está fuera de mi alcance y realmente, aunque no quiero, necesito de la ayuda de alguna persona que lo haya padecido antes que yo. Por eso decidí visitarte, a ver si puedes ayudarme a quitarme este peso que tanto agobia mi alma. No tengo problemas con mi esposo, ni tampoco me preocupa Valentina y todo anda bien en la finca. Pero siento un gran remordimiento por alguna cosa que no alcanzo a comprender realmente. ¡Tú debes saber, tú sabes de estas cosas!

Minerva se inclina un poco hacia al frente, toma mis manos entre las suyas y con indescriptible ternura me dice:

-¡Amiguita, tú necesitas a Jesús en tu corazón! Andemos errantes por la vida o tengamos éxito en todo lo que emprendamos, seamos lindos o feos, gordos o flacos, jóvenes o viejos, ricos o pobres, altos o bajos; todos necesitamos del Señor. Es lo que te he tratado de explicar por tanto tiempo, pero no estabas lista para recibirle. Hay cosas que nosotros mismos no podemos hacer por nuestras propias fuerzas o por nuestros propios méritos, no importando cuan exitosos seamos. De igual manera, hay cosas que ni siquiera Dios puede hacer en nosotros, si nosotros no se lo permitimos, si no lo invitamos a hacerlo. Hace tiempo que yo hubiese querido convencerte con mis palabras y con mis experiencias, pero ni pude ni hubiese podido hacerlo jamás. Es Dios quien pone el hacer como el querer en nuestros corazones. Además, nadie viene a Jesús si el Padre no le trae a Él.

Mientras ella dice estas cosas, lágrimas continúan bajando por mis mejillas, continúa disipándose ésta terrible tristeza, siento razones y nuevas fuerzas para sonreír genuinamente y con libertad. Siento en mi corazón un tremendo deseo de conocer más de lo que me está diciendo. Quiero escucharla atentamente, pero también tengo deseo de interrumpirla. ¡Quiero saberlo todo sobre ese Jesús! Si Jesús significa sentir esta maravillosa liberación en mi vida, bienvenido sea a mi corazón.

-Hoy estás lista, la tierra ha sido arada por Dios, ya estás lista para que la semilla sea plantada y produzca un gran árbol con grandes frutos para la gloria de Dios, para beneficio tuyo y de los que te rodean. Por lo cual te pregunto amiguita, ¿Deseas aceptar a Jesús como único y exclusivo salvador de tu alma?

Muy sonrientemente y llena de un gran gozo que no puedo explicar, acepto la invitación a recibir a Jesús en mi corazón.

-¡Sin duda alguna, lo acepto! Me siento increíblemente libre, fabulosamente feliz, quiero a Jesús en mi corazón todos los días de mi vida.

Habiéndome dado la oportunidad a mí misma de comenzar de nuevo, borrón y cuenta nueva. De ahora en adelante resta escribir en las páginas de mi nueva historia y no pierdo el tiempo en hacerlo. Pasamos horas donde ella me enseñó muchas cosas escritas en la Biblia referente a Jesús y a

269

servirle al Señor. Tengo una Biblia en casa, pero casi nunca la leo. Siempre la he conservado abierta en el Salmo 23. Y pensar que hasta me lo sé de memoria. Más bien la he tenido de amuleto, por tradición, para decorar en una mesita de mi cuarto. Pero hoy es diferente, hoy se ha despertado un gran apetito en mí a favor de las cosas de Dios. Quiero leer la Biblia completa y aprender mucho sobre Dios y el evangelio que tanto he menospreciado. He vivido toda una vida con sed espiritual sin darme cuenta. Hoy he conocido que el que bebe de esta fuente no tendrá sed jamás. Y así es, mi sed está siendo saciada. Sed que no sabía que tenía, que me atormentaba sigilosamente. Nada más podrá esclavizarme, soy libre y nada importa más que esta libertad que ha llegado a mi alma hoy. ¡Gracias Señor por tener misericordia de mí!

-Bueno Minerva, amiga de mi alma, mil gracias por tu tiempo y por tus bondades. Debo ir bajando antes que anochezca. Llegué a tu casa llena de angustia, con sacos rotos dentro de mí. Pero salgo hecha una nueva criatura, con odres nuevos como tú dices. Con odres nuevos llenos de buen vino. Te aseguro que Ricardo se va a extrañar muchísimo de esto que me ha sucedido, ciertamente no lo va a creer. Pero si Pablo cambió, que cambie yo no es nada. Me parece escuchar a Ricardo, *¡Lina la agnóstica, convirtiéndose al evangelio!* Pero no importa, me siento tan feliz que nada más es de preocupar.

¡Ojalá hubiese venido a los pies del Señor mucho antes, hubiese evitado tanto sufrimiento, que en vano ha padecido mi corazón!

-Con calma *mi'ja*, nadie se muera en la víspera, hay que acercar el cuchillo para sacar sangre. ¡Todo tiene su tiempo! Dios te bendiga amiguita, con cuidado de regreso a casa. Recuerda llamarme cuando llegues. ¡Nos vemos el domingo en la iglesia si Dios lo permite, no faltes!

-¡Gracias Minerva, nos vemos el domingo si Dios lo permite!- me despido llena de genuina felicidad.

Sin lugar a dudas hoy es un punto de inflexión en mi vida, es un día especial, día de cambios, de nuevo comienzo. ¡Qué feliz me siento! ¡De saber esto antes! ¡Pero es que he sido tan terca y tan incrédula! Ha caído la tarde y debo regresar a casa. El cielo presenta un hermoso atardecer con rayos de hermoso blanco y dorado, desde amarillo hasta anaranjado y de un rojizo espectacular. Los atardeceres en nuestras montañas son todo un espectáculo de sombras y colores. Aprendí que se ven dependiendo de la humedad que hay en el aire. Puedes verlo

271

de una manera desde aquí y otros lo ven de una manera desde allá en la distancia.

Por ahora me resta regresar por el mismo camino que subí. Pero hay una gran diferencia en mi regreso hoy, vuelvo como ese burrito al cual se le desvaneció la carga que traía sobre sus lomos. Se disolvió entre las lágrimas que fluyeron de mis ojos y me siento realmente muy feliz. ¡Ojalá que de ahora en adelante siempre me sienta de esta manera! ¡Y ojalá que pueda compartir esto que siento con mi querido Ricardo! ¡Veremos cómo lo recibe, porque la primera escéptica he sido yo, no lo puedo olvidar! Tampoco puedo quejarme si me dan tres tazas de mi propio caldo.

Esta es la casa de Juanita, pero no la veo por allí. Voy a seguir directito hacia casa, no vaya a ser que Ricardo ande necesitándome para algún asuntito. ¡Hay, ya, yai! Si casi me olvido de buscar la *azá* en casa de Don Guillo.

-¡Don Guillo!- exclamo a gran voz porque no veo a nadie frente a la casa. – ¡Don Guillo!

-¡Un momentito, ya voy!- se escucha gritar desde el batey.

-Buenas tardes Don Guillo. ¿Cómo, le va?

-¡Es *comay*! ¿Cómo está? ¡Qué alegría verle! ¡Todo bien por aquí *mi'ja*!

-Me alegro. Está bien cojito, ¿qué le pasó?

-Nada grave, estoy bien, no se apure *mi'ja*. Supongo que viniste por la *azá* de Ricardo. Déjeme ir a buscarla un momentito. Iba a llevársela ayer, pero tengo esta rodilla que me está dando más candela que el fogón.

-No se preocupe, vaya con calma. Debería ponerse un paño de alcoholado con malagueta en esa rodilla. Después caliente un poco de manteca de ubre de vaca, se la cubre con una hoja de árnica *amortiguá* y póngasela allí calientita cuando tenga oportunidad. Se va a acordar de mí, ya verá lo rapidito que le va a bajar esa hinchazón.

-Gracias Doña Lina, le voy a meter mano a eso hoy mismo, tengo esto *encandilao*. De paso dele las gracias a Ricardo por la *azá*. Ya encontré la mía, estaba allá abajo al borde de la *quebrá* donde me *reventé* patas arriba. Dígale que cuando mejore de esta rodilla voy a visitarlo, ¿ok?

273

-Claro que si Don Guillo, no hay problema. Tiene que cuidarse, ya usted no tiene veinte, esas piezas ya no salen. No solo el cuerpo Don Guillo, cuide también su alma. Nos vemos pronto, espero su visita y hablamos.

-Gracias *mi'ja*, muchas gracias. Allá nos veremos prontito si Dios lo permite.

* * *

No pasa mucho tiempo y estoy en el patio de mi finca. ¡A la verdad que me siento diferente en todos los aspectos posibles! ¡Hasta pienso que la finca se ve diferente! No sé si estoy exagerando, pero comparada a como salí esta mañana, me siento caminando en el aire. ¡Qué bien me siento, caramba, que bien me siento! Me produce un gran gozo regresar a casa, tengo una gran alegría y una mayor ansiedad por contarle a Ricardo lo que me ha sucedido.

Deben ser como las seis de la tarde. Cumplí mi palabra al pie de la letra, pues dije que venía tarde, pero antes que oscureciera. *¡Así que en guerra avisada no muere gente!* La puerta está abierta, Ricardo debe estar adentro.

-Hola, ¿hay alguien en casa?- digo con tremenda sonrisa de

274

cachete a cachete.

-Buenas tardes mujer, la cogiste larga, ¿ah?- dice Ricardo con una sonrisa media mordida.

-¡Hola mi amorrrrr!, ¿cómo has estado? ¿Comiste?- le dije con tremenda sonrisa que no puedo contener. Lo miro sonriente y profundamente a los ojos mientras le busco un besito para hacerlo sentir feliz.

-Vienes contentita, parece que la pasaste bien, ¿ah? Si *beibi*, ya comí, ¡gracias!- dice intrigado.

-¿Tanto se me nota la alegría? La verdad es que me siento más feliz que en toda mi vida completa. Me siento nueva, llena de vida, llena de alegría, con nuevos deseos de vivir, con deseos de reír, hoy he nacido de nuevo.

-Pero, ¿qué le pasa mujer? ¿Qué te has *fumao* tú hoy? Parece que te has *yompeao* con un cable 220. ¿Tranquila que me tienes *asustao*? Tanta alegría me pone nervioso, mira que el que mucho ríe, mucho llora. ¿Qué te pasa, tú no eres así? ¿Qué despojo te hizo Minerva?

275

-¿Qué es eso de despojos, Ricardo? Más respeto a Minerva, por favor. Tú sabes que ella no hace esas porquerías, ella es una sierva de Dios. Además, sí que me hicieron tremendo despojo de tremenda carga que he venido acumulando por toda una vida. Pero no fue Minerva, porque ella no puede hacer nada de esas cosas. Quien me despojó de toda mi tristeza y angustia se llama Jesús y el maravilloso Espíritu Santo de Dios.

-Pero, ¿qué es eso mi amor, te desconozco, de que estás hablando? ¡Como que me perdí! ¡Estás súper extraña, no me digas que has perdido el timbre! No te habrás *zumbao* un té de campana por equivocación, ¿verdad que no?- dice muy preocupado.

-¡No papi, es mejor estar feliz con locura, que *amargao* con cordura! Lo que estás viendo es una transformación de un gusano a una mariposa. Ahora soy libre de volar, ahora soy una burrita sin carga, un águila con alas para remontarme a las alturas.

-¡Ay Dios mío, pero si a mi negra se le fue el tren!- expresa con mirada de angustia.

-¡Que tren ni que tren ni ocho cuartos! Locura es esperar resultados diferentes haciendo siempre las mismas cosas, ¿o no? Hace tiempo que ando destruida por dentro, allí donde ni se ve ni se busca, ocultándolo muy bien debajo de esta fachada. Me he sentido muy triste y angustiada emocionalmente, he corrido sin dirección, he padecido sed y hambre espiritual por tantos años y todo sin saberlo, debido por mi bendita soberbia. Hoy, sin que nadie me dijera nada, sin ritos ni porquerías de siete potencias ni nada de esas cosas que no sirven para nada, he tenido tremenda experiencia de liberación. Dios abrió las puertas de mi corazón que estaban cerradas con cerrojos que yo misma no podía abrir. Pero tienes que tener paciencia mi amor, todo te lo voy a contar al detalle, para que veas lo maravilloso de lo que me ha sucedido.

Para ese entonces, Ricardo está petrificado en su butaca de descanso, plato de comida al lado, el periódico al otro, sus ojos como *pescao* de *frízer* ante la escena que se le estaba develando frente a sus ojos. La curiosidad se le sale por los poros, se le pueden leer miles de preguntas en sus pupilas y su ceño está más *fruncío* que nunca. Tanto así, que puede exprimir limones entre los pliegues de las arrugas de su frente. Se ríe, se pone serio, se relaja, de repente se ve muy preocupado. Es increíble, hasta se le erizan los pelos al verme en este estado de ánimo. Realmente no sabe qué hacer, no sabe qué decir. Mientras, lo miro con tierna mirada de profundo amor. Siempre lo he amado con profunda ternura, pero hoy lo que siento es más profundo aun. Hoy lo miro con incomparable compasión, con una mirada tan penetrante que me siento navegar entre sus sentimientos y sus bondades. ¡Qué linda esta plenitud que estoy sintiendo, que maravilloso!

-¡Anda mujer, cuéntame, me tienes más nervioso que una docena de veteranos! ¡Me intriga toda esta energía, a la verdad que algo te pasó de verdad!- dice entre gestos de asombro.

-Pues sabes que en las últimas semanas estaba más pensativa de lo normal. Me había estado sintiendo devastada muy dentro de mí. A pesar que he tragao más teces que un batallón de chinos, no había podido lidiar con esta situación, por lo menos no a mi manera.

-Pero, ¿por qué no me habías dicho nada?

-Tranquilo, no me interrumpas, luego tendrás tu chancecito de hablar. Pues llegué a pensar que lo que me estaba pasando se debía a los cambios hormonales de la menopausia y por eso entendí que no podrías comprenderme. Hasta pensé que me estaba fallando la tiroides o que tendría algún problema hormonal. ¡Ya sabes, por eso de ser hombre nada más, no te quise decir nada! Poco a poco me estaba hundiendo en una densa penumbra y tristeza como en laguna de fondo de *babote*. Poco a poco, mientras más trataba de salir, más me estaba hundiendo. Hasta que pensé en buscar ayuda. Pensé en ti, por supuesto, pero entendí que como hombre que eres, no ibas a poder entenderme. Pensé en Valentina, pero es muy joven y le falta experiencia para poder comprender. Pensé en ir al psicólogo, ya sabes, el Dr. Guztambide, pero ese hombre es un desastre. ¡Tú sabrás mejor que yo! Fue entonces que decidí ir a visitar a Minerva.

-¡Pero si tú eres agnóstica Lina!- dice muy sorprendido por lo que está presenciando.

-¡Era mi querido Ricardo, era! Mira que cuando hay hambre, no hay pan duro. ¡Ahora sé que verdaderamente Dios existe tal y como la Biblia lo revela, lo sentí hoy y continúo sintiendo en mi corazón mientras hablo contigo!- añado apretando su mano sobre mi pecho con ambas manos mías.

Es menester ver su rostro, tiene rostro de vieja chismosa

disfrutándose el chisme del siglo, apuntando los detalles en su mente para que no se le olvide nada.

-¡Pero cierra la boca hombre, que te vas a babear!– le digo con gran sonrisa en mi rostro.

-¡Ja, ja, ja! Solo te estoy prestando atención para que no te sientas ignorada.- dice riéndose y succionando toda la saliva que tenía acumulada.

-¡Si, claro, como digas! Pues, me fui caminando y de camino me encontré con Juanita. ¡De hecho, te envió muchos saludos! Entonces por causa del camino y el nerviosismo que tenía, estaba sudando la gota gorda, ya sabrás. Entonces decidí descansar un ratito a la sombra del tamarindo que está cerca de casa de Minerva, en lo que me calmaba un poquito. Parece que me fui en un pensamiento, hasta que una plasta de paloma me cayó encima y me puso *pa'mi* número. Al principio me molestó muchísimo, me dio tremendo coraje y me dieron deseos de regresarme, pero me limpié y seguí a casa de Minerva. Lo curioso es que después de esa *embarrá*, aunque no lo creas, me sentí más relajada y más tranquila. ¡Luego, como podrás imaginarte, que debido al calor que hacía, me dio deseos de tomarme un juguito de tamarindo de esos que ella hace!

-¡Espérate, espérate, espérate! Esto está bueno, dame un *breikecito* a cambiarle el agua al canario y enseguida regreso. ¡Vengo rápido, no te vayas por favor, es que estoy poniéndome viejito y no puedo esperar!- dice corriendo sonriente hacia el baño.

¡Digno de ver, como niño *pelao* cuando le dan una paleta!

-¡Eah padre, pero si no ha caído el relámpago, y ya sonó el trueno!

-Te dije que regresaba rápido *beibi*. ¡Sigue, sigue, que esto está requete bueno!

-¡Y se pone mejor, ya verás!- le digo para *juquearlo* más todavía.

-Entonces llego a casa de Minerva, y como es de esperarse, muy contenta y sorprendida por lo inusual de mi visita. ¿A qué no sabes que me ofreció a tomar? ¡Jugo de tamarindo, papá! ¡No lo podía creer, mi primer deseo hecho realidad *pa'rapidito*! Entonces comienzo a dialogar con ella y cuando me pregunta sobre cuál era el verdadero propósito de mi visita, se me ha formado *sendo* taco en la garganta. Traté de ser fuerte, hasta que me abrazó y comencé a llorar de una manera que no puedo describirte. Ella se echó sobre mí en un abrazo muy hermoso y se echó a llorar conmigo también. Mientras más lloraba, más libre me iba sintiendo. ¡Es increíble, entretanto que lloraba, estaban pasando tantas cosas dentro de mí, que no tengo palabras para poder describírtelo!

Mientras le estoy contando mi experiencia a Ricardo, intento mantener mi compostura, pero las lágrimas fluyen por mis mejillas con inusitada facilidad. Ricardo me mira con profunda curiosidad, compasión y ternura. Sus ojos comienzan a aguarse y su sonrisa se ve muy especial. Después de todo, siempre le ha hecho muy feliz el verme feliz a mí. No dice nada, solo me escucha, me aprieta las manos y me presta toda la atención del mundo. ¡Ahora somos solo él y yo! En estos momentos no hay nada ni nadie entre nosotros, tengo su absoluta atención. Aunque él quisiera ocultarlo, la verdad es que se le nota que se muere de la curiosidad de saber todo lo que pasó allá y decido continuar mi historia.

-Pues sí, entonces sentí como un gran peso se fue liberando de mi interior. Yo sabía que estaba presa de esos sentimientos, pero no sabía por qué, y mucho menos de cómo liberarme. Sentí algo similar a una mano de un cirujano cortando con un bisturí las grosuras que con el tiempo se fueron pegando a mi alma. Lo increíble es que Minerva no tuvo que hacer nada, no me dijo nada, todo pasó a través del llanto que me sobrevino.

Para este entonces no puedo contener mis lágrimas nuevamente. Comienzo a llorar de alegría. ¡No tengo palabras para describir lo maravillosamente feliz que me siento! Las lágrimas bajan por el rostro de Ricardo también. Me mira, su tierna compasión aflora y su hombría no puede retener sus lágrimas. El mira hacia el otro lado y se voltea un poco, sin soltar mis manos completamente. Ciertamente le incomoda sobre manera mostrar su lado sensible, pero bien me dijo mi amiguita: *ante la presencia de Dios tiembla la tierra*. Le abrazo de espaldas, aprieto mis manos a su pecho y siento su corazón palpitando aceleradamente. Lo abrazo fuertemente recostando mi rostro sobre sus lomos. Sé que está llorando, imagino que está experimentando algo similar a lo que yo estoy sintiendo. No tengo duda alguna, aquí se siente lo mismo que se sentía en casa de Minerva, es la presencia del Espíritu de Dios. Ricardo toma mis manos y se las aprieta al corazón. Así mismo las lleva a su boca y me da un tierno beso. Luego las lleva a su corazón nuevamente y las mantiene apretadas por buen rato. ¡No decimos nada! No hay que hablar, las palabras sobran en este momento tan especial. Solo nos abrazamos con profunda ternura. Quisiera poder expresar con palabras este extraordinario sentimiento de paz y de llenura que hay en mi alma.

Sin soltarlo de este abrazo de oso, luego de no sé cuánto tiempo, precedido por un suspiro del alma, continúo diciendo:

-Entonces Minerva me dijo que *necesitaba a Jesús en mi corazón*. Todo ser humano, sea gordo o flaco, blanco o mulato, rico o pobre, no importando su situación actual, tiene un lugar en su corazón que solo Dios puede llenar. Entendí claramente que lo que me decía es verdad. Muchas veces he escuchado lo mismo, pero hoy sentí una profunda convicción de su veracidad. Mis sentimientos estaban puestos sobre la mesa en la sala de operaciones y no quise impedir que el cirujano extirpara esos tumores de tristeza y soledad que estaban *metastizando* mi alma. ¡Y el Señor lo operó inmediatamente le abrí mi corazón! ¡El cirujano se llama Jesús, Rey de reyes y Señor de señores! Entonces Minerva me preguntó si estaba lista para aceptar a Jesús como mi único y exclusivo salvador y no tenía otra respuesta sino decir que sí.

No dije que sí simplemente por emoción o porque quería experimentar si Dios iba a hacer algo en mí. Todo lo contrario, sentí un profundo anhelo y una terrible necesidad de Dios, estaba sintiendo cosas maravillosas dentro de mi alma. El sentimiento de tristeza, la carga y esa pena profunda, estaba siendo removida de una vez y por todas. ¿Cómo no iba a abrir mi corazón al maravilloso Dios que estaba cambiando mi lamento en gozo a través del quebranto y la liberación? Por supuesto que hay muchas cosas que no comprendo, pero de ahora en adelante enfocaré mis esfuerzos en aprender del Señor. Lo único que puedo decirte es que tú también necesitas a Jesús, tanto como yo. Si él ha hecho un cambio instantáneo y maravilloso en mi vida, también lo puede hacer contigo mi amor. Esto maravilloso que sentimos aquí y que sentí en casa de Minerva, según me dijo ella y si no me equivoco, es la presencia de Dios mismo. ¡Es maravilloso y ya que he conocido esto, jamás podría cambiarlo por nada del mundo!

Pasan minutos sumergidos en este hermoso abrazo. Me deleito en los suspiros de mi alma, en la química que tengo del cuerpo de mi esposo. En realidad nunca lo había abrazado con tanta ternura.

-¡Realmente me has dejado boqui abierto! Jamás pensé. ¡No puedo ni creerlo! La cosa es que yo también me estoy sintiendo maravillosamente bien. Jamás había sentido una paz tan profunda como ésta.

-Entonces, ¿qué dices? ¿Hacemos esto juntos?

-¿Por qué no?

-¿Aceptas a Jesús como tu único y exclusivo salvador personal?

-¿Cómo no? Lo acepto. Nada más que ver el cambio que hay en ti, a quien la religión no le entraba de ninguna manera y quedo convencido de la existencia de Dios. No solamente verte así me ha convencido, es que siento cosas en mi corazón que no había sentido antes. ¡Quiero a Jesús en mi corazón y quiero pedirle perdón por todos mis pecados!

-¡Estoy listo para recibirlo en mi corazón ahora mismo!- añade entre lágrimas de regocijo.

A la verdad que estoy perpleja con la sucesión de eventos de este día. ¡Qué iba yo a pensar que tendría la experiencia de conocer al Señor! ¡Y mucho menos hubiese pensado que Ricardo me iba a seguir los pasos también! Ahora estamos aquí, ambos experimentando un increíble cambio en nuestra manera de pensar, un terrible cambio en nuestra manera de sentir y una increíble sorpresa en los cambios internos que nos acompañan. ¿Cómo es que esta mañana salí para recibir ayuda de mi amiga en estos asuntos que casi ni entiendo todavía y ahora estoy ayudando a Ricardo a aceptar a Jesús como su salvador personal? ¡Me veo y no me creo! Jamás había considerado a Jesús como la solución a mis dilemas y situaciones y terminé abriéndole mi corazón. No solo ha entrado en mi corazón, sino que ha tenido misericordia de mi esposo también.

- ¡Gracias Señor por tener misericordia de nosotros!-exclamé con gran gozo y lágrimas en mis ojos.

Ricardo se ha volteado hacia mí y me abraza fuertemente. Ese abrazo que siempre me ha ofrecido seguridad y consuelo. Sus brazos robustos reafirman la firmeza de su carácter, dando por inmutable la decisión de marchar siempre juntos en los diferentes eventos de nuestras vidas.

¡Y yo que pensaba que ya lo había visto todo! Ni imaginarme que algo como esto jamás sucedería. Desde que nos hicimos novios, hemos luchado siempre juntos vigorosamente contra las adversidades en la vida. Siempre dice que cordón de tres dobleces no parte fácilmente, que en la unión está la fuerza. Esta vez no es la excepción, juntos hasta el final. Y aquí estoy para ayudarte a conocer al Señor Jesucristo juntamente conmigo, tal como mi amiga Minerva me ha estado ayudado a mí.

-Yo a la verdad no sé mucho de esto, pero supongo que debes repetir una oración similar a la que Minerva me dijo que repitiera. Tan solo con reconocer que eres pecador y que aceptas a Jesús como tu exclusivo salvador, tu nombre será escrito en el libro de la vida que está en los cielos.- digo con gran temor a no decir algo fuera de lugar por razones de mi desconocimiento.

-Lina, aunque no lo creas, hace un tiempito que sentía deseos de ir a la iglesia y de hacer un cambio en mi vida. No te había comentado nada, pues sabes que eras exageradamente escéptica y agnóstica. Siempre mantuviste que no era posible para el ser humano poder conocer a Dios o aceptar que él es como las personas o como la Biblia dicen. Que no era posible demostrar o no su existencia. De manera tal que preferí estarme quieto antes que provocar un conflicto en la casa. Pero cuando el hambre y el deseo de comer se combinan, la historia es distinta. Hoy, como en las pasadas semanas, he sentido hambre en mi alma. Una sed que no he podido saciar con nada de lo que hago, con la finca, con la siembra, con los animales, con las tertulias. No, esta ha sido muy profunda, más allá de lo que puedo ver, distinguir, palpar, entender o explicar. Y al verte hoy de esta manera, al verte rejuvenecida, al ver la alegría en tu rostro, al ver que la muralla de la duda y la falta de fe en ti se han derribado, he entendido que Dios es verdaderamente real. Si algo era difícil hacer, era convencerte a ti de llegar a los pies de Jesús y aquí estás, predicándome tanto en palabra como en hechos, las grandezas que Dios puede hacer en la vida de una persona. El verte en este estado y con este gozo, unido con mi profunda necesidad, me hacen abrirle el corazón al Jesús que entró al tuyo. Por lo cual haré la oración de fe y le pediré que entre en mi corazón en este mismo instante.

-¡Perpleja y petrificada estoy con tan bellas palabras! Yo no he hecho nada, solo aguantarme de la única rama que he encontrado en medio de mi caída al precipicio. Doy gracias a Dios por su inmensa misericordia al perdonarme mis pecados y darme este maravilloso gozo que siento en lo más profundo de mi corazón. Al fin y al cabo, la *pedrá* que está *pal* perro, tarde que temprano le llega. Simplemente oremos.

-Señor Jesús, te entrego mi corazón en este momento. Realmente no se mucho de ti, pero siento una profunda necesidad de conocerte y de acercarme a ti. Sé que moriste en la cruz y resucitaste al tercer día para perdonar mis pecados y que eres el hijo de Dios. Te ruego me perdones todo lo malo que he hecho en la vida. Te acepto como mi salvador personal y prometo serte fiel el resto de mi vida. Amén.

Mientras Ricardo repite la oración, ambos estamos llorando con profundo arrepentimiento. Pero lo que hacemos, lo que decimos, lo que compartimos, eso no es lo importante. Lo que me impresiona, lo grande, lo maravilloso es lo que sentimos y recibimos. ¡No tengo palabras para describir lo divino del momento! El ambiente se siente saturado de una presencia maravillosa de Dios. Siento una densa paz, un profundo gozo y una indescriptible liberación en mi alma como jamás imaginé sentir. Puedo respirar aire verdaderamente puro por primera vez en mi vida. ¿Cómo describirlo? ¿Cómo compartir la experiencia? Tantos años navegando a la deriva, sin mapa, sin rumbo, sin puerto, sin faro a seguir. No en pese siempre me sentí perdida y sin satisfacción plena. Hoy volvimos a nacer, hoy literalmente somos nueva criatura. Toda una vida de satisfacciones y logros no comparan con la magnificencia de este instante. Hoy me siento como barco anclado en puerto, sin temor a la tempestad.

-¿Qué mejor que un chocolate caliente y un *sanwichito* por el lado para cerrar esta noche con broche de oro?–me dijo Ricardo.

-Esa es buena, vamos a prepararlo un momentito. Además no tengo sueño, ni siquiera alcanzo a entender lo que estoy sintiendo.

-Yo no me preocupo de nada. Al contrario, me siento totalmente diferente, totalmente libre y lleno de gozo. ¡Ojalá que los años que me quedan, me sienta tan feliz como me siento hoy! Apúntalo, que no volveré atrás jamás.

Luego de disfrutar del chocolatito y el *sanwichito*, optamos por ir a descansar. Me tomé un tiempito para un merecido baño. El resto de los sucesos que transcurrieron esa noche tan especial son historia.

Quinto Capítulo

"Dios me conceda al verte de triunfos coronarte,
¡una vida sin fin para quererte y una lira inmortal
para cantarte!"

José Gautier Benítez

Hoy he decidido volver a sentarme en mi silla mecedora. Mi fabulosa silla que *vejesta* en las tablas de mi balcón.

293

Hay una maravillosa brisa llena de la fragancia de la lluvia a la distancia, olor a petricor que resembla nuestra hermosa tierra. Está nublado y me inspira a meditar en las cosas que me han sucedido en los últimos meses. Durante estos meses he concentrado mi atención en la lectura de la Biblia y de libros maravillosos que me inspiran a seguir luchando día a día. No le quita que atravieso por lagares de incertidumbre de vez en cuando y de cuando en vez. No todo es color de rosa, pero estoy llena de mucho ánimo para seguir la conquista. Las grandes guerras se ganan batalla tras batalla. La vida es muy similar a como era antes, solo que la veo desde otra perspectiva, a través de otro lente. Como si hubiese cambiado el lente del microscopio. Antes veía nublado, ahora puedo ver claramente. ¡Y pensar que con solo cambiar la perspectiva, se vería totalmente distinto el escenario! Un teatro donde la protagonista soy yo y me siento en esta silla como espectadora de mi propia obra. Puedo verla aun cuando el telón esté abajo, o las luces estén apagadas. Con o sin espectadores, con o sin director, con o sin demás actores. Las escenas son interminables, unas lindas y divertidas, otras tristes y deprimentes. Pero es mi vida. Una vida llena de altos y bajos, de fortalezas y debilidades, de pérdidas y ganancias, de triunfos y fracasos. Unos me admiran más de lo que creo que debieran, otros me menosprecian más de lo que merezco.

Lina la gacela, siempre tan apresurada a correr, siempre tratando de llegar antes, de llegar más alto y más lejos. Ahora casi nadie recuerda la razón de ser de ese adjetivo. Hace tanto tiempo que soy Lina la partera, la comadrona, que hasta yo misma había perdido ese recuerdo, a no ser por mi gran amigo Roberto y sus jocosas conversaciones conmigo. Últimamente he tratado de compartir mi experiencia de conversión con él, pero aún no ha llegado su momento de una experiencia personal con el Señor. Ya le llegará, es un gran ser humano, ojalá no se le haga tarde, porque como decimos por aquí, la muerte la tenemos detrás de la oreja. Ojalá, porque a mala hora no ladra el perro, el ladrón siempre nos toma por sorpresa. Yo crucé el río antes de la creciente, solo espero que él pueda hacerlo de igual manera, antes que se le haga demasiado tarde.

Los segundos se tornan en minutos, los minutos pasan, se tornan horas, las horas días, los días años y los años no pasan en vano. Los pensamientos evolucionan y con el tiempo vamos madurando continuamente. Con solo mirar las frutas sabemos su estado. Unas al madurar se tornan amarillentas, así como la papaya y la naranja. Otras simplemente se oscurecen, así como la pana y la guanábana. Todas emblandecen con el tiempo, señalando el cumplimiento de su vida, listas para ser consumidas. Después de esas señales, los días están contados y es tiempo de cerrar el ciclo para volver a empezar. En nosotros, las señales son similares. A lo mejor no nos *amarillentamos*, pero sí nuestra piel comienza a presentar manchas que antes no estaban, descoloraciones y arrugas. Mientras observo mi rostro en este sincero y cruel espejo, puedo ver la brutal revelación de mi envejecimiento. ¡Cuidado que he hecho hasta lo indecible para prevenir estas arrugas, pero es inevitable! Ojalá existiese la fuente de la juventud que estaba buscando Juan Ponce de León en nuestra querida isla. Es inevitable, la cáscara revela el envejecimiento del corazón del árbol. Quisiera verme como me siento, porque estoy llena de energía y de juventud en mi mente, pero no puedo engañarme. ¡Los años no pasan en vano, van dejando muchas huellas en nuestro cuerpo y en nuestra mente! Con ellos han llegado la madurez y la seriedad, las preocupaciones y los temores, pero se va la juventud y el vigor que antes nos caracterizaba. Lo abstracto va tomando forma, mutando en duras realidades y los temas de la muerte y lo subsiguiente han cobrado profundo interés en mí.

Siento grandes deseos de vivir y me he dado cuenta que me alarmo por cualquier dolor que siento en mi cuerpo, por cualquier molestia, como si tal fuera el comienzo de los males que me pudiesen llevar por las greñas a la tumba. No estoy desesperada pero sí un poco temida. Es precisamente por eso que madrugo a los pensamientos y a las intranquilidades. Debe haber en este vasto mundo, alguna persona que piense como yo, alguien que esté atravesando situaciones similares a las mías, preocupaciones sin fundamentos y síntomas alarmistas de crónicas crueles que tal vez nunca lleguen a nuestras vidas. ¡Oh, si conociera alguna alma gemela que tenga alguna compatibilidad con mis futilidades!

A lo mejor nos sentaríamos en este balcón, juntas, a dialogar de nuestros temores sin temor alguno, descansando nuestros miedos una sobre la otra. Después de Dios, no hay consuelo como aquel que proviene de un semejante, de un par, de aquella persona que ha atravesado situaciones análogas en condiciones similares, o tal vez hasta peores. ¿Qué sabe un burro de freno? ¡Quién mejor que un zapatero para hablar de suelas o un herrero para hablar de herraduras! Hay muchas cosas de las que yo puedo hablar, porque me sobra la experiencia. ¡He vivido demasiado tiempo entre problemas! Precisamente las buenas decisiones provienen de los fracasos y la experiencia nos lleva a tomar buenas decisiones. Tengo muchas experiencias en la vida, miles de horas de monólogos e introspecciones que seguramente pueden ser de algún beneficio para mi familia, mis amistades y para mí misma. Pero son mías, no me gusta cruzar los límites de cada cual, todos debemos aventar nuestro propio grano. De todos modos, nadie nació para rascar chichón ajeno. Basta con interpretar el idioma de mi propia vida para poder entender los lenguajes de mi corazón. Total, los que critican mucho, tienen más tuercas sueltas que carreta de montaña corriendo en camino de piedra. ¡No miran su viga y se la pasan criticando la paja del ojo del vecino!

Hace unos meses que no veo a Valentina, por lo cual le escribo con regularidad. Es más fácil expresarle ciertas cositas por medio de cartas que por el teléfono. Hablamos con mucha frecuencia, pero nunca hablamos en profundidad como por medio de las misivas. Y allí queda el contenido, son un desahogo y tratamos de no revolcar mucho el contenido para que se asiente en su sitio y nada más.

La última carta que le escribí decía:

Querida Valentina

El que esté libre de pecado que tire la primera piedra, pero con cuidado, pues no debe tirar piedras quien tiene techo de cristal. *Tata siempre me enseñó que no debemos ensuciar el agua para luego bebérnosla. ¡El encuentro con el Señor Jesucristo ha transformado nuestras vidas! Hemos sido renovados así como fue transformado Saulo. Sí, Saulo de Tarso. Dice la historia que Saulo perseguía a los cristianos para encarcelarlos y castigarles severamente, por allá en las tierras de Israel y el viejo mundo. Hasta participó de la muerte de Esteban, un humilde predicador de Cristo que nada malo hizo a nadie. En fin, si mataron a Jesús a quien nadie pudo imputarle pecado o maldad, entonces ¿cuánto menos valdría un humilde seguidor del asesinado maestro? Esa intolerancia hacia lo que piensan los demás ha llevado al mundo a donde estamos. Los musulmanes contra los cristianos, los árabes contra los judíos, los blancos contra los negros, los ricos contra los pobres, los orientales contra los del nuevo mundo y viceversa. Las luchas de clase, las luchas de poderes, los genocidios, las persecuciones. Cada cual queriendo dominar al prójimo de acuerdo a sus propios preceptos. Es imparable, no hay quien lo detenga, no hay quien arregle este mundo. Si eso fuese posible, ya Dios lo hubiese arreglado. Imagínese, Jesús vino a su propia gente y su propio pueblo clamaba por una cruenta crucifixión. ¡Qué horrible! ¡Cuánta maldad debe haber en un corazón para matar a un ser humano! Por eso es que se vislumbra el fin del* mundo, sea por los relatos apocalípticos o por los cálculos científicos, todos convergen en un fin cataclísmico que es inevitable para el mundo en el que vivimos. Pero como mientras el hacha va y viene, el leñador descansa, yo voy a disfrutar cada día que me resta de la vida. Y quiero hacerlo al máximo. Confieso que de vez en cuando levanto mi vista a las estrellas, no vaya a ser que una fugaz decida prestarme una inesperada visita.

Pues sí, dice la historia que Saulo iba camino a Damasco, creo que es una ciudad en Siria, por allá entre los árabes. De repente escuchó una voz que provenía del cielo, que le dijo: "Saulo, Saulo, ¿por qué me persigues?" Era la voz de Jesús el Señor. Saulo cayó al piso y al instante quedó ciego. De lo poco que he aprendido, sé que estuvo ciego por tres días, que se mantuvo en ayuno y oración. ¡Ahora sí que creía en el Señor, aunque así cree cualquiera! Luego cambió tanto, que hasta se le cambió su nombre a Pablo. Al pobre le tocó tomar tres tazas de su propio caldo. Esas atrocidades que hacía, las padeció grandemente por amor a Su Nombre. Por eso mi viejita decía, no escupas para arriba, a no ser que quieras que te caiga la saliva en la cara. De modo que hay situaciones que inevitablemente nos tocará atravesar en la vida, de manera que luego podamos ayudar a quien por ellas ahora esté pasando. *No me gusta mucho la idea de padecer dificultades, pero muchas veces son necesarias. Yo no me inventé el evangelio y mucho menos las reglas. Total, todos somos peones en este tablero, nos basta con movernos cuando sea prudente, esperanzados en no ser derrotados por las adversidades de la vida o algún alfil del ejército contrario.*

Los cambios en Ricardo y en mí han venido de forma natural, de forma espontánea y progresiva. Nos cansamos del queso, ahora queríamos salir de la ratonera. ¡Gracias a Dios que pudimos hacerlo! Aprendimos a orar con regularidad, vamos habitualmente al templo y hasta tenemos nuevas amistades en la iglesia. La vida continúa casi como de costumbre. Por las mañanas sale el mismo sol y por las noches la misma luna, las mismas estrellas de igual manera ¡Eso sí, mi vida interior ha dado un giro del cielo a la tierra o como diría la señorita Fabiola, un giro de ciento ochenta grados! Mil veces he estado sentada donde estoy sentada hoy, en mi vieja mecedora. Puedo decir que está viva de milagro, porque consideré seriamente deshacerme de ella. ¿Pero cómo podría hacer eso? ¿Cómo podría decomisar a mi vieja confidente? Las amistades no se desechan así porque así. Entonces, ¿por qué tendría que reemplazar o sustituir a esta vieja silla, mi camarada de tantas batallas? ¿Acaso unas viejas maderas pueden meterse dentro de mi mente? ¿Acaso estos viejos palos pueden controlar mis pensamientos? Pura ignorancia la mía cuando pensaba de esa manera. Aunque a decir verdad, nunca estuve muy convencida de veras que eso estuviese sucediéndome a causa de esta vieja silla. ¡Sí, claro!

Muchas veces he estado en condiciones similares a las de esta hermosa noche, con los cantos de los hermosos coquíes y su orquesta. ¡Qué pena conmigo misma! ¡Tantas noches perdidas, tantos miedos abrazados, tantas carreras huyendo de mis pensamientos o corriendo a atraparlos! Mas sin embargo, no he cambiado mi lugar favorito para conciliar mis pensamientos, solo para ahora meditar en la Palabra de Dios.

Estamos contando los días para irte a visitar. Gracias por ser tan grandiosa, recibe un besote y más grande el abrazo de mamá y papá.

Nos vemos pronto querida hija.

* * *

-¡Hola! ¿Qué haces?- pregunta Ricardo interrumpiendo mi secuencia de pensamientos.

-Pues aquí, ya sabes, tratando de entender la vida un poco mejor.

-La niña llamó y mandó a decirte que le ha ido muy bien en los asuntos que le restaban en la preparación de la boda. Estaba contándome de su itinerario y de los planes de recibirnos para el evento. Vamos a ir tres días antes para cuadrar todo y aprovechar y tomar unas vacaciones junto a Roberto y su familia. La ciudad tiene sus atractivos, de seguro que la vamos a pasar muy bien mientras estemos allá. Estoy loco que llegue el día.

-¿Y le llamas evento? ¡Hellooo...! ¡Acéptalo, se casa nuestra hija, tu pequeña! ¡Y la vas a entregar con mucha compostura y sin lloriqueos!

-Sí, sí, sí. ¡Como si yo fuera el único que lloriquea por esto! ¡Además tú sabes que las nenas son de papá! Gracias a Dios que Gustavo es un buen muchacho. Y que se vienen a vivir para acá, por supuesto. Si no fuese así, entonces sí que me muero y no tengo por qué negarlo.

-Es cierto, Dios nos ha bendecido con nuestra hija. Y va a bendecir a esta comunidad con ellos. Espero que lo que resta salga bien. Claro que la vamos a pasar súper, es bueno salir unos días y olvidarnos un poco de la rutina y de los quehaceres cotidianos.

-Roberto me dijo que está loco de verte y de compartir contigo. Dice que me va a dar senda pela en ajedrez, ¡si claro, eso lo veremos! ¡Su rey va a estar comiendo tierra antes de ponerse la corona, ya verá!- dice muy excitado por esa contienda.

-¡Ustedes siempre con sus rivalidades! Gracias a Dios que se entienden y la pasan bien. Yo voy a celebrar el triunfo de mi hija y a planificar algunos detalles de su regreso. Valentina y Gustavo se pusieron de acuerdo en venir inmediatamente regresen de su luna de miel. No tenemos mucho en qué ocuparnos, los trámites de la compra de la finca de Don Cristóbal están listos y la propiedad queda amueblada y lista para recibirlos. ¡Qué generación! Sus hijos van a disfrutar de muchas cositas que nosotros no tuvimos cuando nos criamos, aunque espero que puedan disfrutar de la naturaleza tanto como nosotros lo hacemos. ¡Quedará de nosotros enseñarles, para eso seremos sus abuelos! Ya sabes, los crías en los campos y despúes se van a experimentar mundo. ¡Si los crías en las ciudades, quieren vivir en los campos y si los crías en el campo, se quieren ir a vivir a la ciudad! El ser humano siempre tratando de satisfacer los vacíos con lo que no tienen, en vez de vivir agradecidos con lo que logran y han alcanzado. ¡Verdaderamente que no hay quien entienda a la humanidad!

-Pues así somos y ella no es la excepción. Además, de una mata de plátano no salió. Bien dicho está que de tal palo, tal astilla. Así que todas esas características de la niña, buenas y malas, de nosotros vienen heredadas.

-Bien que si mi querido, la razón te asiste *mi'jo*.

-Lo importante es que tengas todo listo mañana para salir temprano el jueves. Ellos van a necesitar mucha ayuda y quiero estar allí para resolver. - añade Ricardo.

-Roberto me dijo que todo estaba *planchao* y que nos están esperando. Tomó vacaciones en estos días para recibirnos y poder compartir con nosotros sin interrupciones. Él tiene el sitio donde vas a rentar tu traje, yo tengo el mío ya listo.

305

Ricardo se dobla y me da un beso en la frente. Luego se queda mirando hacia el horizonte, mientras me acaricia con su mano izquierda por encima de mi hombro izquierdo. No interrumpo su silencio, solo disfruto un rato de la fresca brisa en su compañía.

-¡Hicimos un buen trabajo!- dice.

-¿Qué trabajo?

-Criar a un gran ser humano. Valió la pena tantos sacrificios. No ha sido en vano. Qué pena con Joaquín, que sus hijos no le dieron esta satisfacción que nos ha dado Valentina. Pareciera más como si hubiese criado cuervos que hijos, ya sabes. ¡Cría cuervos y te sacaran los ojos! ¿Cómo puede haber hijos de esa calaña? ¡Es una pena! Por lo menos mi vianda baja con un poquito de aceite.

-¡Si, es verdad! Pero no nos pongamos melancólicos ahora. Mejor cambiemos el tema, vamos a la cocina que voy a preparar lo nuestro y vamos a dejar toda preocupación a un lado. – le contesto tratando de evitar que nuestra velada se llene de melancolía.

-¡Grandiosa idea, eres la mejor! Vamos *pa'llá* que el tren pita si hay carbón en la caldera.

El resto de la noche la pasamos charlando de diversos temas. Disfrutamos nuestra bebida caliente que tanto nos gusta y luego a descansar.

* * *

-Ricardo, avanza, deja eso. Don Pepe sabe lo que tiene que hacer, vámonos que se nos hace tarde.

Tengo apuro por montarme en el carro y salir temprano. Hace tiempo que no hago un viaje largo y hace tiempo que no veo a Valentina. Mucho más tiempo hace que no veo a Roberto. Y Ricardo dando más vueltas que un perro viejo. Por fin allí viene, que bueno, ya era hora.

-Con calma mujer, me llevas al trote, a palo limpio, suelta la garrocha, dame hilo, quítale un poco de gasolina, baja las revoluciones. Si por mucho madrugar no amanece más temprano.

-Sí, pero al que madruga Dios le ayuda. El rayo no te avisa, hasta después que te azota. Tú no sabes si tenemos algún percance en el camino, Dios no quiera. Recuerda que el hombre propone y Dios dispone. Además, no quiero que vayamos comiéndonos el camino. ¡No estamos para esas!

-Ok, *beibi*, entendido, nos vamos. Solo quería asegurarme de dejar todo en orden. Pero ya estamos, ¡así que *pa'la* ciudad que vamos! Digo, para la ciudad, ji, ji, ji.- añade Ricardo.

-Don Pepe, ¿verificó el aire de las llantas?

-Sí, Don Ricardo. Vaya tranquilo, vayan con Dios. – contesta.

-¿El aceite y el agua?

-Todo listo Don Ricardo, pueden irse tranquilos que todo va a estar bien. Envíele saludos a la niña de nuestra parte y nuestras felicitaciones. Ah, y a Gustavo y a su familia también. También a Roberto y a Patricia y a las niñas.- expresa haciendo gestos de despedida.

-¿Verificó la caja de bola del *mofle*?

-¡Oh si, el *diribaguer* también!

-Vamos, vamos, vamos.   Vámonos y déjense de tantos chistecitos. Vamos que el tiempo es oro.

-Ok, ok, ok. Nos vemos Don Pepe. En sus manos queda. Le enviaremos sus saludos hasta a los perros de Roberto. Cualquier cosa nos llama a casa de Roberto. Gracias por quedar aquí.

-Hasta pronto Don Pepe. – añado.

-¡Nos vemos mi gente, que disfruten el viaje!- responde Don Pepe, mientras se quita su sombrero con su mano derecha en señal de respeto.

¡Cuán hermosa es nuestra isla! A pesar que los caminos del campo no están pavimentados, podemos disfrutar del paisaje tan hermoso que nos abraza. La brisa serena y el aire puro son una terapia maravillosa. Vamos despacio porque incomoda un poco el vaivén que producen los hoyos en el camino y el polvorín que se levanta al paso de los vehículos que entre vez y cuando pasan en sentido contrario. Estamos viviendo cambios poco a poco, ahora hay tractores para ayudar en las tareas de las fincas, pero solo las grandes haciendas pueden osar tener alguno de ellos. Nosotros dependemos todavía del arado tirado por bueyes o vacas. Bien que si, todavía reina el buey con sus imponentes cuernos. En nuestro caso, nunca pensaríamos en traer máquinas que les quiten el trabajo a nuestros humildes peones. Además, ¿qué sentido hace aumentar la producción, quemar la tierra, producir más a un costo más alto? ¿Hipotecar hasta los dientes para modernizar? ¡Naaah, déjese de eso!

-¡Bien, debemos llegar en tres horas más o menos! Vamos a echar gasolina en la próxima estación que veamos. También debo revisar nuevamente el agua y el líquido de frenos. Espero que este carro no venga a dar problemas en este viaje. Hasta ahora se ha portado bien, esperemos que siga así.

-Precisamente por eso te estaba apurando para salir. No vaya a ser que perdamos tiempo en el camino, aun así llegaríamos con luz a la casa de Ricardo.

-¡Allí, allí, allí hay una gasolinera! Podremos estirarnos y recargar. –anuncia Ricardo.

Entre tertulia y disfrute de los paisajes, llegamos a nuestro añorado destino. Los detalles del camino sobran ante tan emotivo recibimiento en casa de Roberto. Pensé que se nos haría más difícil y largo el viaje, pero llegamos *directito*, gracias a Dios.

-¡Que linda tiene la casa! ¡Mira qué bello el jardín! Tal como Valentina lo había descrito.- le digo a Ricardo.

-Allí está Roberto, también salió Valentina. ¡Qué linda está la niña!-dice mientras bate su mano izquierda saludando lleno de alegría y tocando la bocina a todo lo que da. ¡Auuuuggaaaa!

Roberto no deja de sonreír y Valentina viene corriendo hacia nosotros.

-¡Mira Ricardo, pero si toda la familia está aquí! Don Roldán y Doña Jimena han venido a recibirnos también. ¡Hola, hola, saludos a todos! ¡Parece que la celebración comienza desde hoy!

-Bienvenido Ricardo, bienvenida Lina.- exclama Roberto envolviéndonos en un abrazo sin perder un segundo.- ¿Cómo está mi amiga del alma? ¿Y ese viaje, que tal, sin percances?

-De maravilla *mi'jo*. ¡De maravilla!

-Llegamos vivos, que es lo importante.- contesta Ricardo.- Saludos Don Roldán, saludos Doña Jimena. Ven *beibi*, dale un abrazote a papá.

-Saludos familia. Saludos Roberto, saludos a todos. Ven y dame un abrazo chiquitica, te he extrañado mucho. – sumergida en un mar de alegría con Valentina.- ¿Dónde está Gustavo? ¿Y Patricia?

-Gustavo está resolviendo unos asuntitos de su certificación y Patricia está en la cocina. Ya sabes que esa es su pasión, que Dios se la bendiga. Y hoy nos vamos a poner como sapo de letrina.- dice Roberto.

-¡Como te gusta la *búya*! No cambias ni un poquito, ¿ah?- añado contagiada por la risa de los presentes.

¡Qué momentos tan agradables, cuando se agolpan las amistades en recibimientos de esta manera! No tiene precio el cariño, no se puede comprar el amor que nos une. Es increíble como Roberto y su familia han hecho tan linda amistad con los Roldán también. Vendedor al fin, sabe buscarle el lado agradable a cada persona. Realmente son todos hermosos seres humanos.

-¡Bienvenidos!- dice Patricia al vernos entrar.- Vengan todos, aprovechemos y sentémonos a cenar, que no todos los días tenemos el honor de tener casa llena. Gustavo llamó y dijo que viene en breve, ya resolvió lo que estaba haciendo.

-Yo te ayudo Patricia.- digo muy entusiasmada por poner manos a la obra y estirar este viejo cuerpo que está *entumío* por el viaje.

-No te apures mami, tenemos todo bajo control. Siéntate con Doña Jimena, disfruta. Tuvimos tiempo para prepararnos mientras los esperábamos. Así que disfruta, que tendremos mucho trabajo en los próximos días. ¡Aunque ya hemos adelantado casi todas las cositas! Lo más trabajoso va a ser decorar el centro, por lo demás estamos bastante bien. – dice Valentina mientras me acompaña a sentarme en la mesa junto a los Roldán.

Cenamos y dialogamos durante buen rato. Patricia tiene muy buena mano en la cocina, nos chupamos hasta los dedos. No en balde Roberto está cada vez más panzón. Yo pensaba que era la cebada, pero el hombre come como llaga mala. No es lo mucho, es lo seguidito. La tertulia es extensa, interesante, variada y divertida. Se nos une Gustavo y las hijas

313

de Roberto con sus maridos también. ¡La verdad que la pasamos de maravilla! Aun en la intensidad de la noche, no puedo sacarme de la mente la lista de cosas que tenemos que hacer para tener una boda espectacular. Aprovechan para llevarnos a nuestro aposento y luego de despedirnos de los invitados, nos retirarnos a asearnos y a descansar.

-¡Qué bien la hemos pasado Lina! Me siento súper contento con estas lindas familias.- comenta Ricardo.

-Yo también. ¡Ojalá que piensen lo mismo sobre nosotros!

* * *

Los dos días que preceden la boda son muy arduos y pasan como celaje. El tiempo se hizo sal y agua, se escurrió como agua entre los dedos. Rentas, preparación de ropa, ensayos, preparación del local, decoración de la iglesia. ¡Nadie dijo que sería fácil preparar una boda de éste calibre!

Roberto preparó su Cadillac '56 rojo convertible con capota crema. Lo tiene como a nena; las varetas, los *bompers*, la insignia, todo brilla como espejo. Su bello tapizado coordinado con la capota lo hace ver espectacular. Las gomas de banda blanca con sus centros *aniquelaos* se ven fabulosas. Pero más preciosa se ve la novia en su traje divinamente blanco. ¡Parece un ángel! Resalta su piel canela y sus ojos color café. Su velo oculta parte de su hermosa sonrisa y las bellas flores que adornan su mano la hacen ver tiernamente radiante. El galán de novio no se queda atrás. Sus hombros se ven más anchos en ese hermoso traje y el color negro lo hace ver alto y fuerte, como esos caballeros medievales de los cuentos de princesas.

-¡Que vivan los novios, que vivan!- se escucha el coro de los presentes mientras los novios desfilan saliendo por la puerta principal de la iglesia.

La algarabía es grande, el arroz vuela por encima de sus cabezas, suenan las campanas, bajan las lágrimas de alegría por el rostro de casi todos los presentes. Los hombres aplauden, se ríen, celebran. Roberto recibe a la pareja abriendo la puerta para que Valentina pueda entrar. Gustavo la toma de su mano y la ayuda con la cola de su vestido para que no se vaya a enredar. ¡Qué bello, parece de película! ¡Qué hermosa cenicienta!

Todos nos mezclamos entre abrazos y lágrimas. Vítores de alegría se oyen aquí y allá. Las personas de la plaza miran con detenimiento lo que está aconteciendo. Supongo que han visto muchas bodas desde allá sentados. ¡Que se unan a la celebración, este es nuestro momento, es nuestra fiesta! Tiempo de reír y no de llorar.

De allí pasamos a la recepción, compartimos y comemos hasta no poder más. Muchos regalos, como era de esperarse, mucha comida y bebida, brindis, desfiles, fotos, música para celebrar. Dos mundos uniéndose, dos familias, dos clases sociales, dos zonas de vida que encontraron puntos de convergencia lo suficientemente fuertes como para establecer un nuevo legado. Dos campos magnéticos que se atraen, que rotan y producen una magnifica corriente eléctrica que esperamos perdure generaciones por venir.

-¡Que vivan los esposos!- se oye gritar.

-¡Que vivan!- se escucha el coro de la multitud presente.

Suenan campanas, vuela más arroz, suenan pitos y gritos llenan aun de más energía esta celebración, hasta que llega el momento de despedir a esta hermosa pareja.

-Mami, gracias por todo. Nos vamos yendo prontito. Sabes cuando llegamos y conoces todos los detalles. Te llamo, nos vemos prontito por casa. Ya me despedí de papi, déjalo terminar su mesita de dominó, está en lo *d'el*.

-Si *mi'ja*, no se apure. Vaya tranquila, vayan con Dios, que para esto es que se ha *remao*. Los felicito, todo ha quedado muy bonito. Nosotros nos encargamos del resto.

-Gracias Doña Lina, gracias por todo. Le prometo que la cuido con mi vida.

-Si *mi'jo*, no es para menos. Allá le esperamos. Mucho ojo, cuídense mucho. Besos.

Me siento como si un cantito del alma se me desprendiera con esta despedida. Debo ignorar este sentimiento para poder disfrutar lo que resta de la celebración y para no *aguarle* la fiesta a la niña o a los demás. Gracias a Dios que los veremos antes que cante el gallo. Ni modo, así es la vida. ¡Criamos para los demás!

317

* * *

Nunca había pensado tanto en lo que es el tiempo, como en estos últimos meses. El tic tac del reloj me produce taquicardia, ansiedad, me desespera, me agobia, me tortura, me mata lentamente. El tiempo es un concepto que siempre fue abstracto en mi vida. ¡Tan repetitivo, tan aburrido, tan rutinario, tan periódico, predecible! Nunca te sorprende, hoy es y mañana será, siempre está en su momento, nunca se atrasa ni se adelanta, no pierde el ritmo. No debiera sorprenderme que el eterno ciclo de las horas, minutos y segundos se esté acumulando sobre estos viejos huesos así como en las viejas maderas de mi querida silla mecedora. Los remiendos no pueden ocultar las marcas de la vejez. Ni mi silla ni yo podemos ocultarlo más. Ambas chillamos como tuerca vieja y nuestras viejas tablas no aguantarán por mucho más tiempo. Segundo a segundo se nos ha escurrido la vida como polvo en reloj de arena. Durante años apostaba a que viviría más que esta vieja silla, pero aun con este sonsonete de seguro que ella me entierra a mí.

¿Cómo burlar al tiempo? Es tan paciente, tan estático y dinámico a la vez, tan eterno. Me ha llevado muy suavemente por la vida como por cauce de calmadas aguas. Ahora que pienso con profundidad en esto, me doy cuenta que esas calmadas aguas tan solo me han llevado al borde de unas mortales cataratas.

No puedo pensar como pensaba antes, cuando sosegadamente ignoraba el paso de los multitudinarios segundos que han conformado mi vida. Quisiera ponerle pausa a ese rítmico mover de las agujas. No puedo ignorarlo, me penetra las entrañas y me llena de temor. Las aguas de la vida ya no son tan calmadas, toman velocidad y me llevan a los despeñaderos de la sepultura. Sin duda que la esperanza de salvación me brinda consuelo, pero por más fe que tenga, no puedo evitar el temor de la muerte. Tal vez no por el proceso, simplemente me atemoriza el cambio. Sé que estaré mucho mejor que lo que estoy ahora, esa es nuestra fe. Mis temores son mucho más complejos. Son temores a lo desconocido y a la ausencia de los míos. Temor a mi propia ausencia en esta familia. Cuando parta de este mundo, en ese instante donde el reloj se detenga para mí, cuando entre al umbral de la eternidad y parta de este cuerpo, donde no hay más dimensión del tiempo, estaré sin mis seres más queridos por *qué-se-yo-que* cuanto tiempo.

El pasado, el presente y el futuro definen nuestro reloj de vida aquí en la tierra. ¿Y cuándo esas dimensiones del tiempo no definan nuestra realidad, cuando todo sea un eterno presente? Cuando pienso en eso me llena de mariposas el estómago. Nada me preocupa tanto como lo desconocido, la ausencia de los míos hasta que nos volvamos a reunir. Juntos hasta el fin del mundo, pero supongo que el mundo no es una dimensión de espacio, sino una dimensión del tiempo. ¡Sí, el tiempo es el que define nuestro mundo, quien define todas las cosas que conocemos! Cuando se nos acaba el tiempo en el mundo, éste ya no existe más para nosotros. Cuando se nos termina el tiempo de la vida, ésta desaparece delante de nuestros propios ojos. Cuando termina el tiempo de nuestra niñez, jamás volvemos a vivirla. De igual manera con todas las etapas de nuestra vida. De la misma forma, nuestro presente pasa instantáneamente a la historia con el simple fluir del tiempo. ¡Nada existe sin el tiempo y todo en él existe! Me agobia pensar en no estar cuando Valentina me necesite, cuando los nietos vayan creciendo. Mientras el día llegue, abrazaré la vida como alicate de presión a tornillo viejo, disfrutaré cada día junto a mis seres amados como si fuera el último, exprimiendo cada segundo como uva prensada para hacer buen vino ¡Sí, los amo más que a mi propia vida! Los amo a todos y sin lugar a dudas amo a mi vieja mecedora, mi eterna confidente.

¡Cuando el día llegue, que será más temprano que tarde, cuando esté tan distante que no pueda cuidarte, te recordaré de cerca y te miraré de lejos, pero no me busques porque no podrás encontrarme!

Fin

Estimado Lector

Esperamos haya disfrutado esta hermosa obra. Le invitamos a dejar una reseña en AMAZON para que nuestros lectores tengan su opinión y podamos llegar al mundo entero. De igual manera compartir y darle LIKE a nuestra página https://www.facebook.com/miviejamecedora. Allí puede dejar 5 estrellas y comentarios en área de opinión.

Acerca del Autor

Nacido y criado en el pueblo de Guánica, Puerto Rico, en la década del '70, criado en un humilde hogar de la comunidad del barrio Bélgica. Habiendo estudiado en escuelas públicas del país, trabajado en fincas, construcción general y miembro de la Reserva del Ejército de Estados Unidos.

Luego de casarse se establece en Rio Grande, Puerto Rico. En principios de la década del 2000 termina estudios de ingeniería civil y establece su propia compañía de construcción. A principio de la década de 2010 establece negocio de manualidades y desarrolla propia marca de productos para *scrapbook* en español junto a su esposa y comienzan a distribuir al por mayor, dentro y fuera del país.

Conferenciante en temas generales, eclesiásticos y teológicos. Apasionado de la agricultura, acuaponía, buceo y ganadería en general.

mrvargasjd@yahoo.com
www.facebook.com/miviejamecedora

Made in the USA
Middletown, DE
27 July 2022

69772532R00198